Ursula Baus, Karl J. Habermann
Wendel- und Spindeltreppen

Ursula Baus, Karl J. Habermann

Wendel- und Spindeltreppen

Vom Entwurf zur Ausführung

Deutsche Verlags-Anstalt
München

Bibliografische Information der Deutschen Bibliothek
Die Deutsche Bibliothek verzeichnet diese Publikation in der
Deutschen Nationalbibliografie; detaillierte bibliografische Daten sind im Internet über
<http://dnb.ddb.de> abrufbar.

Diese Ausgabe ist auf chlor- und säurefrei gebleichtem,
alterungsbeständigem Papier gedruckt.

1. Auflage
Copyright © 2006 Deutsche Verlags-Anstalt, München,
in der Verlagsgruppe Random House GmbH
Alle Rechte vorbehalten
Satz und Layout: frei04-publizistik, Stuttgart, mit Tina Hinkel, Stuttgart
www.frei04-publizistik.de
Pläne und Details: Hanne Rung, Stuttgart
Umschlaggestaltung: Büro Klaus Meyer, München, mit einer Fotografie von Wilfried Dechau
Bildbearbeitung: digigra4, Fellbach
Druck und Bindung: Freiburger Graphische Betriebe
Printed in Germany
ISBN 10: 3-421-03581-4
ISBN 13: 978-3-421-03581-3
www.dva.de

Inhalt

6 Repräsentation und Raumnot
Ursula Baus

8 Wendel- und Spindeltreppen –
Geschichte und Technik
Karl J. Habermann

22 Foto-Essay: eine Hommage an die Fifties
Barbara Staubach

30 Repräsentative Wendel-und Spindeltreppen

Treppen:

60 aus Beton

78 aus Holz

84 aus Glas

96 aus Stahl

124 Architekten, Ingenieure

125 Bildnachweis

126 Hersteller

Manfred Lehmbruck baute 1957-61 in Pforzheim das Kulturzentrum Reuchlinhaus. Drei quaderförmige Baukörper werden über ein gemeinsames Foyer erschlossen, in dem eine elegante Wendeltreppe Ausstellungsräume im tiefer gelegenen Hofgeschoss erschließt

Repräsentation und Raumnot

Die Gründe, die vertikale Dimension eines Hauses mit einer Wendel- oder Spindeltreppe zu erschließen, decken ein erstaunlich breites, funktionales Spektrum ab. Sich entlang einer Schraubenlinie aufwärts zu bewegen, suggeriert a priori einen Turm – in poetischen Geschichten gern einen Leuchtturm, der mit der Aufwärtsbewegung eine Entrückung, ein Verschwinden in einsame, wetterumtoste Höhen verspricht. Leuchtturmwärter war einmal ein sagenumwobener Beruf, und märchenhaft stellen wir uns vor, wie Rapunzel in ihren Turm gelangte, um das schöne Haar herunter zu lassen.

Für das Konzept dieses Buchs gaben vergleichsweise nüchterne Überlegungen den Ausschlag. Repräsentation ist eine Aufgabe, die epochen- und kulturkreisübergreifend als Standard gelten darf. Dass Wendeltreppen hier in der jüngeren Vergangenheit häufiger auftauchen als früher, mag dem Musical zu danken sein; Ginger Rogers und Fred Astair waren einfach fit genug, um diesen Treppentypus sturzfrei und – mehr noch – leinwandtauglich zu bewältigen. In der zeitgenössischen Architektur genießt die repräsentative Wendeltreppe als formaler Kontrast zu einer rigiden, rechtwinkligen Baukörperform bemerkenswerte Prominenz – als Beispiel aus den fünfziger Jahren sei die Treppe von Manfred Lehmbruck im Pforzheimer Reuchlinhaus genannt, das vor kurzem zum Schmuckmuseum umgewidmet wurde. Daneben gelten Wendel- und Spindeltreppen aber auch als Platzsparkönige. Wo die Platzverhältnisse eng sind, bietet die Spindeltreppe die komfortable Alternative zum Kletterseil, das nur für den sprichwörtlichen Klettermaxe ein Kinderspiel ist.

Zunächst werfen wir einen Blick in die Geschichte der Treppentypologie, dann geht es an technische Themen. Johann Grad danken wir sehr für die tragwerkstechnische Beratung zu diesbezüglichen Fragen. Daran schließt sich eine Vorstellung repräsentativer Wendeltreppen, Treppen aus Beton, Holz, Glas und schließlich Stahl an. Wie bei allen Büchern der DVA-baudetail-Reihe müssen wir betonen, dass wir kein Standardwerk liefern können und wollen, sondern eine nützliche und architektonisch anspruchsvolle Auseinandersetzung mit dem Bauteil Treppe. Die vertikale Erschließung unserer Wohn- und Arbeitsräume ist viel zu wichtig, als dass sie den geradlinigen Treppenmodellen vorbehalten bleiben dürfte. Einmal mehr seien Architekten und Ingenieure ermutigt, nach charmanten Lösungen zu suchen. *Ursula Baus*

Der Robinson-Baum bei Bernay in der Normandie: 1848 kam der Baumeister Gueusquin auf die Idee, in dem Dorf Plessis eine Ausflugsgaststätte der besonderen Art zu errichten. Die Lektüre von Daniel Defoes *Robinson Crusoe* führte zu einer baumhausartigen Einbindung einer Gastwirtschaft in einen Kastanienbaum. Elegant gewundene Treppen verbinden einzelne Lauben im mächtigen Astwerk. Die Bestellungen wurden vom Kellner mit Körben nach oben gezogen. Diese Idee fand einige Nachahmer.
Faszinierend ist die Verbindung von Natur und künstlicher Ergänzung im Material Holz

Wendel- und Spindeltreppen – Geschichte und Technik

„Unter allen Architekturteilen seien Treppen zweifelsohne für das Gebäude das, was die Adern, Arterien und Venen im menschlichen Körper sind: wie diese das Blut in alle Glieder bringen, so seien jene, ähnlich kunstvoll und verzweigt angelegt, zur Kommunikation notwendig."
(Vicenzo Scamozzi: Idea della Architettura Universale, Venedig 1615, zitiert nach Werner Oechslin, in: Daidalos Nr. 9, Seite 42)

„Unter Berücksichtigung der Tatsache, dass man Wendeltreppen als aus dem Mittelalter verbliebene Bausteine betrachtet, merke ich an, dass diese sehr nützlich sind, wenn man auf engem Raum in die nächst höheren Geschoße gelangen will: sollten wir da nicht Grund genug dafür haben diese doppelläufigen Treppenanlagen, die viel zu viel Platz einnehmen in unseren Gebäuden mit dem Begriff großer Bausteine belegen, wobei sie mich mit ihrer übertriebenen Monumentalität an die Vorworte gewisser Dichter erinnern, die in pompösen Worten Dinge versprechen, die niemals eingehalten werden." Viollet-le-Duc, Eugène-Emmanuel: Entretiens sur l'architecture, Paris 1858, Bd. 1, Seite 354

„Die Spirale der Treppe windet sich gefühlsbefreiend in den offenen Himmel. Das allsinnliche Erlebnis dieses Aufstiegs kann als Beispiel dienen für umfassendes und tiefeindringendes Erfahren von Architektur ganz im Allgemeinen. Die tiefere Atmung, die Veränderung des Herzschlags, das Spiel des Gleichgewichtssinnes im Innenohr mit der von ihm gesteuerten Balance des Körpers und viele andere im Bewusstsein nur anklingende organische Phänomene begleiten unser Aufsteigen. Die Innenmuskelsinne in den Waden, in Zehen und Mittelfuß verzeichnen genauestens ihre koordinierten Anspannungen. Die fühlbare Einwirkung der erhöhten Luftbewegung weiter oben wird genauso von unserer Gesichtshaut registriert, wie der Wärmesinn von der Verdunstung der Schweißtröpfchen berichtet und die Kühle des Metallgeländers von unserer Handfläche sinnlich erfahren wird..." Richard Neutra: Gestaltete Umwelt, Dresden 1956, Legende zu Abb.104/105 im Anhang

Ein Rückblick

Die drei Zitate aus drei Epochen der Architekturgeschichte öffnen ein Kaleidoskop von Aspekten zum Thema Entwurf und Gestaltung von Wendeltreppen, Spindeltreppen und gebogenen Treppen. Während Vincenzo Scamozzi und Richard Neutra trotz des großen zeitlichen Abstands mit erstaunlicher Übereinstimmng die Analogie zur Funktion des menschlichen Körpers bemühen, differenziert Viollet-le-Duc bei der Wahl der Treppenform bereits nach grundrissökonomischen Grundsätzen. Er meint, man solle eine Flächen sparende, vertikale Verbindung zweier Geschosse einer aus seiner Sicht oft zu aufwändig geratenen Erschließung durch mehrläufige Treppenanlagen vorziehen. Dabei bietet die Form der Wendel- und Spindeltreppen gerade für beide Fälle, für den der Platz sparenden, vertikalen Erschließung sowie für den der raumgreifenden, repräsentativen Geste, geeignete geometrische wie konstruktive Lösungsmöglichkeiten an.

1 Gate House Wetheral Priory, Cumberland, aus dem 14. Jahrhundert

Die Wendeltreppe lässt sich neben dem geraden Treppenlauf als gleichermaßen archetypisches Bauelement ausmachen. Definiert wird die klassische Wendeltreppe als Treppe, deren Lauflinie einen vollen Kreis beschreibt. Sie hat Wendelstufen und steigt entweder um eine massive Spindel (Spindeltreppe) oder um eine hohle Spindel. Frühe Wendeltreppen schrauben sich, ohne im Gebäudeinneren noch außen sichtbar zu sein, in massivem Mauerwerk nach oben. Das nebenstehende Beispiel aus dem 14. Jahrhundert, das bis heute erhaltene Torhaus eines ehemaligen Klosters in Wetheral, zeigt eine weiterführende Variante. An einer Ecke des Grundrisses sprengt die Treppe bereits Mauer und Gebäudeumriss. Sie wird von außen ablesbar und somit optischer Bestandteil der Fassade (Bild 1).

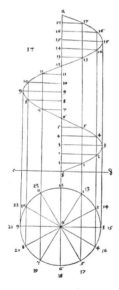

2 Albrecht Dürer: „Unterweysung der Messung mit dem Zirckel und richtscheyt", Nürnberg 1538

In der Renaissance entdeckt man in der Malerei wie in der Architektur die räumliche Geometrie und entwickelt die Perspektive. Durch die neue Art und Weise zu sehen entstehen Idealarchitekturen und frühe virtuelle Räume. Der Geometrie der Schraubenlinie und dem Typus der Wendeltreppe wird dabei besondere Aufmerksamkeit geschenkt. Auch Albrecht Dürer beschäftigt sich mit dem Konstruieren dieser Form der Treppe. 1538 gibt er seine „Unterweysung der Messung mit dem Zirckel und richtscheyt" heraus. Die Darstellung der Treppe in Grund- und Aufriss ist dem Lehrbuchcharakter angemessen

(Bild 2). In einer ganzen Reihe von Geometrie- und Architekturtraktaten wird das Thema Treppe ähnlich behandelt. Als Autoren wären hier unter anderem so berühmte Personen zu nennen wie Alberti, Palladio, Philibert de l'Orme, Vredeman de Vries oder Scamozzi. Baulich schlägt sich dies in einer großen Anzahl von bedeutenden Treppenanlagen nieder. Ein besonders prägnantes Beispiel räumlicher Umsetzung ist die Treppe am Schloss von Blois. Auf Grund ihrer plastischen Durchgestaltung wird sie zum optisch hervortretenden und prägenden Bauteil in der Fassade (Bild 3).

3 Treppenturm im Schloss Blois, Flügel Franz I., 1515-1525 nach Stichwerk von J.A. Ducerceau, 1576

Die darunter gezeigte Treppe vom Hof zum Steinböckle in Konstanz ist ein optisches Aperçu aus dem Handbuch der Architektur, dritter Theil, 3. Band, Heft 2 mit dem Titel „Anlagen zur Vermittlung des Verkehres in Gebäuden: Treppen und innere Rampen" (Bild 4). Das Konstruieren von Treppen in Stein, Holz und Eisen wird systematisch aufbereitet und in Beispielen mit Zeichnungen belegt. Diese Enzyklopädie des Bauens aus der Zeit um 1900 leistet einen wichtigen Beitrag zur Kontinuität in der Baukultur. Hier wird eine Art von Resümee über die bautechnische Entwicklung von den Anfängen bis in die damalige Gegenwart gezogen. Das starke Geschichtsbewusstsein prägt die Architektursprache der Gründerzeit und der Jahrhundertwende, während in der Folgezeit die Moderne in Teilen den großen Bruch mit der Tradition zum Programm erhebt.

4 Hof zum Steinböckle, Konstanz, 16. Jahrhundert

Auch in Eisen und Stahl, den neuen Materialien der industriellen Revolution, sind Spindel- und Wendeltreppen ein formal attraktives Bauelement. Die Spindeltreppen im oberen Abschnitt des Eiffelturmes waren von Anbeginn nicht nur dankbares Motiv für Illustratoren (Bild 5) und Fotografen, sondern auch gefragte Lokalität für manchen Kinofilm. Erst in den Jahren 1982 und 1983 wurden – im Rahmen einer durchgreifenden Sanierung und Ertüchtigung der Erschließungswege – Aufzugsanlagen eingeschlossen, die beliebten und attraktiven Spindeltreppen aus Gründen der Betriebssicherheit durch geradläufige Treppenanlagen ersetzt.

Die Idee, die Geometrie einer Spindeltreppe in einzelne filigrane Elemente aus Guss- und Schmiedeeisen aufzulösen, führt unmittelbar zur industriellen Fertigung eines ganzen Bauteils. Die Bestellung nach Katalog wird möglich. Über Gesamtmaße und Stücklisten lässt sich die gewünschte Treppe unschwer zu-

5 Spindeltreppe am Eiffelturm, Paris 1889

6 Katalogtreppe, 1894

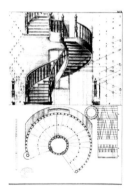

7 Treppe aus G.H.Nix, 1887

sammenstellen. Der Preis ist gleichfalls schnell ermittelt. Dem „österreichisch-ungarischen Baurathgeber" von Rudolf Hand, 1894 in Wien erschienen, ist das nebenstehend abgebildete Beispiel entnommen (Bild 6). Der „optische" Unterschied zu heute verfügbarer Katalogware erscheint angesichts des zeitlichen Abstandes längst nicht mehr so groß. Das darf nicht wundern, weil sich das konstruktive Prinzip kaum mehr verändert.

Wendeltreppen in Stein und Eisen sind zu dieser Zeit eher die Ausnahme. Im Alltag liefern Zimmerer- und Schreinerhandwerk die geeignete Ausführung in Holz. Der Holztreppenbau erfuhr im neunzehnten Jahrhundert sogar eine gewisse Blüte. Ablesen lässt sich dies an zahlreichen Hand- und Lehrbüchern für den planenden und bauenden Fachmann. Das technische Wissen wird hier sorgfältig erfasst, mit kunst- und baugeschichtlichem Hintergrund untermauert und dem aktuellen Stand der Technik angepasst. Es entwickelt sich ein regelrechtes Ausbildungsfach zur Treppenbaukunde. A.W. Hertel empfiehlt 1857 M. Aubineaus „Großes Treppenwerk" im Untertitel ausdrücklich „für Architekten, Zimmerleute und Tischler". Die Qualität der Darstellung in Wort und Bild wird tatsächlich den Anforderungen aller drei Berufsgruppen an ein Fachbuch dieses Metiers gerecht. So lässt sich die Tradition hochwertiger Publikationen im Holztreppenbau unschwer bis zum Ende des neunzehnten Jahrhunderts verfolgen. Der Titel „Praktisches und theoretisches Handbuch der Treppenbaukunst" von G.H. Nix, 1887 in Leipzig erschienen, ist ein anschaulicher Beleg aus der Endphase dieser Entwicklung. Das hier abgebildete Beispiel einer eleganten, handwerklich ausgereiften Wendeltreppe für ein Wohngebäude, dargestellt in Grund- und Aufriss, dazu Abwicklungen von Außen- und Innenwange, spricht für sich (Bild 7).

Diese handwerklichen Techniken sind heute nicht mehr in Gebrauch, geschweige denn fester Bestandteil einer Ausbildung. Ihre Kenntnis jedoch ist bei der großen Anzahl von erhaltenen Treppen in Altbauten im Sanierungsfall noch immer unentbehrlich. So wäre es nicht zu verantworten gewesen, wenn man die noch erhaltene, alte Holztreppe im neuen Jüdischen Museum in Fürth bauaufsichtlichen Regeln geopfert hätte (Bild 8). Das Bild sollte schon ausreichend Argumente für den Erhalt liefern. Die mächtige Hohlspindel hat bildhauerische Qualitäten. Die präzise Anbindung der Stufen verblüfft vor dem Hintergrund der damals verfügbaren technischen Mittel und Werkzeuge.

8 Nebentreppe im Jüdischen Museum in Fürth, 17. Jahrhundert. Weil die Treppe 1702 von einem anderen Gebäude überführt und hier eingebaut wurde, gilt sie auch als schönes Beispiel für Bauteilrecycling

Auguste Perret nimmt in seinem Wohnhaus in der Rue Franklin in Paris 1903 das noch junge Material Stahlbeton erstmals materialtypisch in der Fassade auf und setzt frühe Maßstäbe für eine neue Betonarchitektur. Perret gelingt es, sich allmählich aus der neoklassizistischen Tradition zu lösen, indem er den neuen Baustoff materialgerecht einsetzt und eine neue Formensprache entwickelt. Die ist auch exemplarisch an der großzügig gewundenen Treppe im Gebäude an der Rue Rayonard nachvollziehbar (Bild 9). Die plastische Wirkung im Raum wird durch die meisterhafte Differenzierung der Oberflächen und das reduzierte Geländer verstärkt. Es dürfte auch heute nicht so leicht sein, die hier erreichte Qualität zu wiederholen.

9 Auguste Perret, Treppe in der Rue Rayonard, Paris 1929-30

Le Corbusiers berühmte Villa Savoye wird über zwei Wege erschlossen: eine große doppelläufige Rampe und die nebenstehend abgebildete Wendeltreppe. Die Reduzierung auf die plastische Wirkung ist das wesentliche Qualitätsmerkmal (Bild 10). Größer könnte der Unterschied der Erschließungselemente nicht sein. Dem langsamen Anstieg über die Rampe steht die direkt nach oben führende, Raum sparende vertikale Spindel gegenüber. Ein aufmerksamer Blick in das anschließende Kapitel mit Beispielen aus der Gegenwart wird die ungebrochene Aktualität der Treppe in Poissy bestätigen.

10 Le Corbusier, Villa Savoye in Poissy, 1929

Begriffe und Verordnungen

Zur Klärung der Begriffe und Formen von Wendel- und Spindeltreppen sowie gewundenen Treppen darf hier auch auf das *Glossarium Artis* zum Stichwort „Treppen" (Band 5) hingewiesen werden. Hier wird die klassische Wendeltreppe als Treppe, deren Lauflinie einen vollen Kreis beschreibt, definiert. Sie hat Wendelstufen und steigt entweder um eine massive Spindel (Spindeltreppe) oder um eine hohle Spindel. Der von einer hohlen Spindel umschriebene Raum ist das so genannte Treppenauge. Der Begriff der Wendeltreppe ist dem der Spindeltreppe übergeordnet. Gewendelte Treppen haben verschieden gerichtete, gerade Läufe, die durch Wendelstücke verbunden sind. Von einer angewendelten Treppe spricht man, wenn die Richtungsänderung der Lauflinie am Laufanfang stattfindet. Eine ausgewendelte Treppe endet mit dieser Richtungsänderung. Die Lauflinie ist eine entlang der Vorderkanten der Stufen gedachte Linie, auf der eine Treppe begangen wird. Lehnt sich die Form der Treppe im Grundriss einem Halbkreis, einem Korbbogen oder einer Ellipse an, so bezeichnet man diese auch als gewundene Treppe.

„Das Steigungsverhältnis einer Wendeltreppe soll dem einer gerade laufenden Treppe mit den Stufenabmessungen nach der Schrittmaßformel entsprechen. Die Lauflinie soll bei Wendeltreppen mit nutzbaren Laufbreiten bis zu 1,0 m in der Mitte der Laufbreite, mit 1,0 m überschreitenden nutzbaren Laufbreiten im Abstand von etwa 50 cm vom schmalen Ende der Stufe angesetzt werden. Der Auftritt soll an der Innenseite der Stufen mindestens 10 cm und an der Außenseite höchstens 40 cm betragen." So formuliert im gültigen Merkblatt der Gesetzlichen Unfallversicherung GUV-I 561. Bei Spindeltreppen merkt die Unfallversicherung ergänzend an: „Spindeltreppen sind als Verkehrswege zur regelmäßigen Benutzung ungeeignet. Ihre Errichtung kann in Ausnahmefällen vertretbar sein, wenn sie zusätzlich zu notwendigen Treppen eingebaut werden und nur selten von wenigen Personen begangen werden müssen, ohne dass Lasten getragen werden." Zu Gehbereich und Lauflinie bei gewendelten Läufen sei hier auch auf die entsprechenden Angaben in der DIN 18 065 „Gebäudetreppen", Ausgabe Januar 2001, hingewiesen.

Die Bauverordnungen der einzelnen Bundesländer enthalten zusätzliche Angaben zur Ausbildung von Treppen und Treppenräumen in Gebäuden mit spezifischer Nutzung.

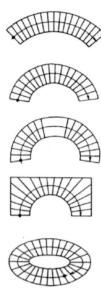

11 Formenkanon von der gewundenen Treppe über die Wendel- zur Spindeltreppe, von der repräsentativen, raumgreifenden zur ökonomisch kompakten Grundrissausbildung, abhängig von der Aufgabe und Funktion der Treppe im Gebäude

Mit Hilfe der Normen und Regelwerke soll vor allem die Herstellung sicherer Treppenanlagen gewährleistet werden. Da die Unfallstatistiken dem Bauteil Treppe naturgemäß nach wie vor eine Schwerpunktrolle zuweisen, kann die Sorgfaltspflicht bei Planer und Hersteller nie ausführlich und klar genug hervorgehoben werden. Zudem besteht bei der wissenschaftlichen Beobachtung und Auswertung des Unfallgeschehens auf Treppen nach wie vor Handlungsbedarf.

Tragwerk und Statik

Zur baulichen Umsetzung des Formenkanons steht eine Reihe geeigneter statischer Tragsysteme zur Verfügung. Diese wiederum sind entweder materialunabhängig oder nur materialspezifisch anwendbar. Um die Systematik, die hier keinen Anspruch auf Vollständigkeit erheben kann, mit Leben zu erfüllen werden die einzelnen, prinzipiell möglichen Lösungen mit Querverweisen zum folgenden Dokumentationsabschnitt versehen.

Spindel- und Kragstufen
Ein erstes statisches Grundmodell ist eine Spindeltreppe mit einer Spindel aus Stahl, Beton oder Holz (letzteres mit Stahl verstärkt) mit auskragenden, in die Spindel eingespannten Stufen. Das statische System besteht aus zwei Elementen: Die Spindel funktioniert als gerade Stütze, die oben und unten gehalten wird und als Einfeldsystem zu betrachten ist. Die Stufen sind als Kragarme zu bemessen. Der Durchmesser der Spindel ist abhängig von der Mindestauftrittbreite der Stufe und daher statisch meist überdimensioniert. Auch die Stufen fallen oft mitunter etwas kräftig aus (siehe Seiten 90 und 111).

Spindel und Wange
Ein weiteres Grundmodell besteht aus einer inneren Spindel und einer äußeren Wange. Spindel wie Wange sind aus geometrischen Gründen – man will die Stufen einfassen – statisch überdimensioniert. Die Spindel funktioniert wie vor, die Wange bildet einen schraubenförmigen Träger, dessen Torsionssicherung der biegesteife Anschluss der Stufen gewährleistet. Die Stufen lassen sich hier auch sehr filigran gestalten. Als Material stehen Stahl, Holz oder Beton zur Verfügung (siehe Seite 120).

14 Systemtreppe mit spiralförmigem Druckstab in der Mitte und Fachwerkträger außen, Fa. Spitzbart

15 Systemtreppe mit spiralförmigem Druckstab in der Mitte und räumlichem Fachwerk, Spitzbart

In einer Variante zur eben beschriebenen Konstruktion wird die massive Wange durch einen treppenförmig aus Rohren verschweißten Biegeträger ersetzt, der zur Aufnahme der Torsionskräfte oben und unten eingespannt wird. Der Wange als torsionssteifem, eingespanntem Träger entspricht die Stufe als Einfeldträger (siehe Seite 78).

Kombiniert man die bekannte Innenspindel (Rohr) mit einem spiralförmigen Fachwerkträger, einem räumlichen Fachwerksystem oder einer tragenden Brüstung aus Blech als äußerem Tragelement, so übernimmt die Stufe die Funktion eines weiteren Fachwerkstabes (siehe Seite 101).

Ersetzt man nun die eben beschriebene Innenspindel durch ein spiralförmig gebogenes Druckelement und sorgt für einen biegesteifen Anschluss der Stufen an beiden Seiten so entsteht ein filigranes Raumtragwerk. Die Systemtreppen des Herstellers Spitzbart (14, 15) lassen sich auf diese Art und Weise charakterisieren.

Beidseitig tragende Wangen

Ein weiteres statisches Grundmodell besteht in einer Treppe mit beidseitiger Außenwange. Verbindet man die Wangenbleche biegesteif mit den Stufen, wirken die verbundenen Elemente in Horizontalrichtung im geraden Treppenabschnitt als Vierendeelträger. Die in diesen Fällen oft eingebauten, optisch wenig vorteilhaften Diagonalverbände unter den Stufen können entfallen (siehe Seite 114).

Eine Wendeltreppe mit beidseitiger, spiralenförmiger und freitragend ausgebildeter Brüstung funktioniert mit geraden oder stufenförmig ausgebildeten, eingeschweißten Blechen als Auftritten. Das System ist in Stahl wie in Beton ausführbar (siehe Seiten 34, 54, 101).

Die Stufen einer Wendeltreppe kann man auch innen an einer spiralenförmig ausgebildeten, tragenden Brüstung befestigen und außen auf einer massiven Ummauerung auflegen (siehe Seite 46).

Eine formal außergewöhnliche Lösung ergibt sich mit einer Kombination aus einer inneren tragenden Spirale aus Stahlblech und einer äußeren, ebenfalls tragenden Spirale, die aber optisch in ein durch Verspannungen ausgesteiftes Netz aufgelöst ist, welches Geländerfunktion übernimmt. Die feine Wirkung lässt sich zusätzlich durch unterspannte Glasstufen verstärken (Seite 84).

Einseitig tragende Außenwange
Ein einseitiger, spiralförmiger, torsionssteif ausgeführter Träger, oben und unten eingespannt nimmt Stufen in Form von Kragträgern auf. Das Material der Wahl kann Beton oder Stahl sein. Holz ist nur eingeschränkt und nur mit Stahlverbindungsmitteln einsetzbar (siehe Seite 60).

Mittelträger
Auf einem spiralförmigen, torsionssteifen, oben und unten eingespannten Mittelträger aus Stahl oder Beton (Einschränkungen bei Holz) werden die Stufen beidseitig auskragend aufgesetzt (Bild 16).

Gewendelte Flächen
Wendeltreppen werden als gewendelte oder spiralförmige, tragende Laufflächen aus Beton oder aus Stahlblechen erstellt. Aus Stahl ist die freitragende Wirkung erst ab einer gewissen Mindestdicke der Stahlbleche erreichbar. In Beton ist eine Einspannung entbehrlich. In Stahl lassen sich bei Einspannung der Spirale oben und unten die Blechdicken wesentlich reduzieren. (Beispiele Seiten 72 und 82).

16 Systemtreppe, Fa. Trappe-Metall

17, 18 Kiessler + Partner, Treppe im Ateliertrakt der Villa Stuck, München, Sanierung 2000

Zur Herstellung von Wendeltreppen in Holz, Stahl und Beton

Die Herstellung von Wendeltreppen in Holz bedurfte von jeher besonderer handwerklicher Fähigkeiten. Neben einem überdurchschnittlich guten räumlichen Vorstellungsvermögen spielen im Beruf des Treppenbauers bis heute Sorgfalt und Präzision eine wesentliche Rolle. Stellte der Handwerker bis um die Zeit von 1800 sein Werkzeug noch selbst her, so konnte er ab der Mitte des neunzehnten Jahrhunderts über fabrikmäßig hergestellte Werkzeuge verfügen. Später führten elektromotorische Bandsägen, Hobel- und Universalbohrmaschinen allmählich immer näher an industrielle Fertigungsweisen heran. Heute scheint der Holztreppenbau nur noch dank CAD-Planung und CNC-gesteuerter Bearbeitungsanlagen überlebensfähig. Da dieser Maschinenpark nur bei maximaler Auslastung und großen Stückzahlen rentabel ist, treten die kleinen, spezialisierten Handwerksbetriebe immer mehr in den Hintergrund.

Stationen einer modernen Fertigung von Holztreppen bei Trautwein: Holzlager, Wangenpresse, CNC-Bearbeitungsgeräte, Fräsen eines Werkstücks, Wangen für gewendelte Treppen und schließlich die fertigen Handläufe

Die Überschrift „Treppenbauer lernen Schweißen" mit dem Untertitel „Ganzholztreppen werden weniger nachgefragt" in einer Ausgabe von „Bauen mit Holz" (Nr. 5/2000) ist Beleg für ein weiteres Phänomen. Trend- und Geschmacksfragen scheinen dem reinen Holztreppenbau Probleme zu bereiten. Dies ist kaum einzusehen, denn Holz verfügt im Innenraum über hervorragende mechanische, optische wie haptische Eigenschaften. Zudem steht dem Treppenbau eine große Palette an attraktiven heimischen Holzsorten zur Verfügung. Da es aus statischen Gründen schwierig ist, Wendel- und Spindeltreppen rein aus Holz zu fertigen – Einspannungsmaßnahmen bedürfen zusätzlicher Einbauteile aus Stahl – sind diese nur im gehobenen Preissegment zu finden. So verwundert es nicht, dass auch für dieses Buch kaum geeignete Beispiele individuell gestalteter Holztreppen zu finden waren. Im Einfamilienhausbau hat die Holztreppe nach wie vor ihren sicheren Platz. Die nach dem „Regelwerk Holztreppenbau" in weitgehend industriell ausgerichteter Fertigung hergestellten Treppen sind nicht nur preislich erschwinglich, sondern genügen auch hohen Qualitätsansprüchen an Gebrauchstauglichkeit, Sicherheit und Ästhetik. Das ökologisch hochwertige Material Holz sollte im Treppenbau nicht nur als Auflage für Stufen von Stahl- und Betontreppen überleben.

Ein Vergleich der frühen Katalogtreppen in Guss- und Schmiedeeisen (6) mit den Ergebnissen der heutigen Metallbauer stimmt gleichermaßen nachdenklich. Die erstaunliche Filigranität aus der Pionierzeit des Eisenbaus verblüfft. Im Metalltreppenbau stehen heute wie im modernen Holztreppenbau ebenfalls die hochwertigen Planungswerkzeuge mit geeigneten CAD-Programmen und Fertigungstechniken mittels CAD/CNC-gesteuerter Maschinen zur Verfügung. Probleme in Akzeptanz und Nachfrage scheint es nicht zu geben. Für die Herstellung einer Wendeltreppe aus Stahl gibt es computergesteuerte Biegemaschinen, die bei der Verformung der Wangenbleche mit hoher Präzision jeden gewünschten Radius erzeugen können. Gleiches gilt für die Herstellung räumlich spiralenförmig gebogener Handläufe aus Edelstahl. Die Zeit kleiner, von Metallstaub geschwärzte Schlossereibetriebe ist auch hier vorbei. Leistungsfähige Fachbetriebe bieten eigene Systeme in vielen Varianten an. Auch die Treppe nach Katalog lässt noch ausreichend Spielraum für individuelle Kundenwünsche. Vor allem die hervorragenden Kombinationsmöglichkeiten mit nahezu allen begehbaren Materialien sind wesentlich am Erfolg der Treppe aus Stahl beteiligt. Schmale, tragkräftige Profile erlauben eine Reduzierung des Materials. Die Schraubengeometrie der Wendeltreppe liefert die formale

Eleganz nahezu automatisch. Der folgende Beispielteil belegt darüber hinaus die Bandbreite der individuellen Gestaltungsmöglichkeiten, die hier dem Architekten zur Verfügung steht. Zudem lässt die Unterstützung durch einen interessierten Tragwerksplaner weitere Verfeinerungen in Bemessung und Verbindungstechnik zu. Die Treppe von Eva Jiricna (siehe Seite 84) kann hierfür als besonders eindrucksvoller Beleg benannt werden.

Der Stahlbeton hat von Beginn an seine Leistungsfähigkeit in der freien Formbarkeit und Belastbarkeit bewiesen. Im Bau repräsentativer wie formal vorbildlich gestalteter Wendeltreppen gibt es nach Perret (Bild 11) und Le Corbusier (Bild 12) noch genügend Beispiele in der Weltarchitektur. Heute bleibt das Ergebnis im Stahlbetonbau ebenfalls längst nicht mehr dem handwerklichen Geschick des Schalungszimmerers überlassen. Neben dem Einsatz der kaum mehr wegzudenkenden CAD-Planungswerkzeuge (Treppenmodule sind hier mittlerweile Standard), verfeinerten Vermessungs- und Schalungstechniken auf der Baustelle hat auch hier die CNC-Fertigung im Werk Einzug gehalten. Eine automatisierte, CNC-gesteuerte Fertigung von Schalungen für Treppenfertigteile mit großer Variabilität in Form und Abmessung erlaubt eine drastische Senkung des Lohnkostenanteils und gewährleistet dennoch hohe Qualitäten beim Endprodukt. Gebrauchsfertige Oberflächen können mit Holz oder Naturstein oder anderen Werkstoffen belegt werden. Die enge Zusammenarbeit von Architekt und Tragwerksplaner ist hier selbstverständlich.

Karl J. Habermann

Literaturauswahl

Baus, Ursula und Klaus Siegele: Holztreppen, Stuttgart 2001
- dies.: Stahltreppen, Stuttgart 1998
Bollerey, Franziska: Früher aus Holz, noch heute steiler als anderswo - die Treppe in den Niederlanden, in: Detail 2/1998
Habermann, Karl J.: Treppen - Entwurf und Konstruktion, Basel 2003
- ders.: Treppenräume - Treppenträume, Detail 2/1992
Huber, Rudolf; Rieth, Renate (Red.): Treppen Escaliers Staircases - Glossarium Artis 5, München 1985
Jiricna, Eva: Moderne Treppen – Architektur Konstruktion Gestaltung, Stuttgart 2001
Mielke, Friedrich: Handbuch der Treppenkunde, Hannover 1993
ders.: Die Geschichte der deutschen Treppen, Berlin/München 1966
Nix, G.H.: Praktisches und theoretisches Handbuch der Treppenbaukunst, Leipzig 1887
Oechslin, Werner: Von der Treppe zum Treppenhaus, der Aufstieg eines architektonischen Typus, in: Daidalos Nr. 9, Berlin 1983
Reitmayer, Ulrich: Holztreppen in handwerklicher Konstruktion, Stuttgart 1953
Ronner, Heinz, Fredi Kölliker und Emil Rysler: Zirkulation, Basel 1994
Scamozzi, Vincent: Grundregeln der Baw-Kunst, Nürnberg 1678
Schmidt, Otto, und Eduard Schmidt: Treppen und innere Rampen, Handb. d. Arch., 3. Teil, 3. Band, Heft 2, Stuttgart 1898
Schuster, Franz: Treppen aus Stein, Holz und Metall, Stuttgart 1951
Slessor, Catherina: Contemporary Staircases, London 2000
Viollet-le-Duc, Eugène-Emmanuel: Entretiens sur l'Architecture, Paris 1863

Institutionen und Internet-Adressen

Arbeitsstelle für Treppen
www.scalalogie.de

BauNetz-Infoline: Treppen
http://www.BauNetz.de/infoline/treppen/_basiswissen/index.htm

Deutsches Holztreppen Institut
www.dhti.de

Deutsches Institut für Treppensicherheit e.V.
www.treppensicherheit.de

Hommage an die Fifties
Ein Fotoessay von Barbara Staubach

Das Baugesetzbuch mag in den fünfziger Jahren noch erheblich dünner gewesen sein, die Brandschützer dürften noch nicht all ihre Kraft und Erkenntnisse in jegliche nur denkbaren Vorschriften umgesetzt haben, und die Hoffnung, dass es aufwärts gehen würde, wird manchen Architekten zu Besonderem beflügelt haben. Ein glücklicher Zufall wollte es, dass die Frankfurter Fotografin Barbara Staubach in den Jahren 2003 bis 2005 die schönsten der Treppenhäuser ablichtete, von denen sie wußte. Der kleine Fotoessay, dem wir hier leider nur wenige Seiten einräumen können, weist auf eine liebenswerte Vielfalt: Repräsentation hieß in den fünfziger Jahren noch nicht Protzen; Eleganz brachte nach Jahrzehnten erdenschwerer, ästhetisch monumentaler Werte wieder etwas Leichtigkeit ins Sein. Angst vor der eigenen Courage und verquere Lebensläufe zeigten sich bisweilen aber auch in beklemmender Kleinbürgerlichkeit – von all dem erzählen diese Fotografien, in denen doch nur etwas scheinbar Fragmentarisches zu sehen ist: Treppen- und Treppenhäuser. Aber die Bauteile, die uns in der Regel die vertikale Dimension erschließen, sind eben auch etwas Besonderes: Geschwungen, gewendelt, gespindelt – diesen Treppen kann man kaum genug Aufmerksamkeit schenken.

Altes Polizeipräsidium in Wiesbaden; 1956 baute Rolf A. E. Ziffzer dieses Treppenhaus im Zusammenhang mit dem Wiederaufbau eines zerstörten Flügels

Verwaltungsbau der Oberfinanzdirektion in Frankfurt, 1952-55 von Oberregierungsbaudirektor Hans Köhler mit den Architekten Rolf Himmelreich und Ernst Schirmacher; als Behördenbau betont schlicht und preiswert gebaut

Verwaltungsgebäude der
R+V Versicherungen,
Wiesbaden, 1953 von Paul
Schaeffer-Heyrotsberge

Verwaltungsbau der
Nassauischen Heimstätten,
1956 von Friedrich Wilhelm
Bossert

Concordia-Versicherung, Köln, 1950-52 von Wilhelm Riphahn gebaut, heute Sitz einer Anwaltskanzlei

Wohnhaus in Bad Nauheim

Architekten:
Johannes Peter Hölzinger,
Bad Nauheim
1977

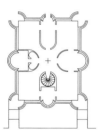 

Grundrisse, M 1:500

Dem Wohnhaus aus dem Jahr 1977 wurde bereits ein ganzes, großformatiges Buch gewidmet. Ikonenhaft behauptet sich hier die Freude an denkbarer Formenvielfalt gegenüber dem Primat der sichtbaren Konstruktion – es ist ein Künstlerhaus. Obwohl wir uns Treppen der jüngsten Gegenwart widmen, diene dieses Beispiel als Intermezzo nach den Beispielen aus den fünfziger Jahren. Zumal sich hier ein Phänomen ansprechen lässt, dass uns bislang noch an keinem Bauteil so auffiel: Wer als Architekt einmal eine gelungene Wendel- oder Spindeltreppe gebaut hat, wird zum Wiederholungstäter. Johannes Peter Hölzinger zum Beispiel schuf auch die Treppe im Ministerbau des Bundesminsteriums der Verteidigung in Bonn. Äußerlich scheint das Bad Nauheimer Haus ein rigider Baukörper, eine Kiste zu sein, die nur hier und da mit Schlitzen, Spalten und kleinen Wölbungen bereichert ist. Aber, so beschrieb Gerd de Bruyn, „Durchlässigkeit ist beim ihm keine Frage großer Fensterflächen und aufgerissener Fronten". Der Grundriss zeigt nämlich, dass innen ein Fest mit Kreisen und Ellipsen, räumlich also mit Zylindern und in der logischen Konsequenz mit Spindeltreppen gefeiert wird. Durchgängig entsteht ein Sog, der Besucher hin und her und hinauf und hinunter zieht. Peter Hölzinger führt vor, wie ein künstlerischer Architekturanspruch in einen profanen Lebensalltag zurückgeführt werden kann. Die Spindeltreppe ist integraler Bestandteil eines räumlichen Konzepts, das bis ins Detail durchdacht ist: Die Stufen enden weit genug – genauer gesagt: sechs Zentimeter – vor der Wand, so dass reichlich Licht die Vertikale betont. Besonders wirkungsvoll in Dieter Leistners Fotografien zur „blauen Stunde".

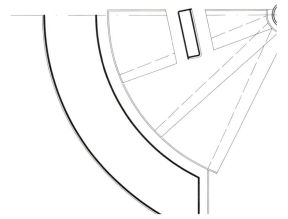

Grundriss und Stufenschnitt, M 1:20

Stahlspindeltreppe, Spindel aus Stahlrohr ø 150 mm, mit angeschweißten Kastenstufen aus je zwei gekanteten Stahlblechen mit Überstand zum Einlegen des Teppichbelags, alle Stahlteile in weiß seidenmatt lackiert

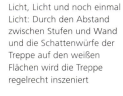

Licht, Licht und noch einmal Licht: Durch den Abstand zwischen Stufen und Wand und die Schattenwürfe der Treppe auf den weißen Flächen wird die Treppe regelrecht inszeniert

Der Handlauf ist an der Wand befestigt, so dass die Spindeltreppen nicht wie isolierte, implementierte Bauteile wirken. Die Detaillierung besprach der Architekt mit dem Schlosser an Ort und Stelle. Im Schnitt gut zu sehen: Die Stufen sind als Stahlkästen ausgebildet und aus akustischen und Komfortgründen mit Teppich belegt.

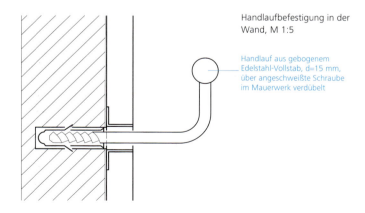

Handlaufbefestigung in der Wand, M 1:5

Handlauf aus gebogenem Edelstahl-Vollstab, d=15 mm, über angeschweißte Schraube im Mauerwerk verdübelt

Bibliothek in Cottbus

Architekten:
Herzog & de Meuron, Basel
2004

Es irritierte nur wenig, als sich Herzog & de Meuron mehr und mehr vom Schweizer Purismus ab- und der weltläufigen Romantik zuwandten. Wusste man doch, dass sie im Kern Poeten des Raumes sind und Vorwürfe, sie seien nur intellektuelle Fassadenkünstler, nicht lang auf sich sitzen lassen würden. Das Informations-, Kommunikations- und Medienzentrum der BTU Cottbus – ein „kultureller Motor der Stadtentwicklung" – ließ nicht mehr an Kisten denken, sondern schürte mit seiner äußeren Amöbenform die Neugier aufs Innere. Dort erlebt man nun eine Farbenfreude, die man den Schweizern dann doch nicht zugetraut hätte. Und mittendrin eine imposante Wendeltreppe, die sich in Pink und Grün in die Luft schraubt – aalglatt und glänzend, poppig und raumgreifend.

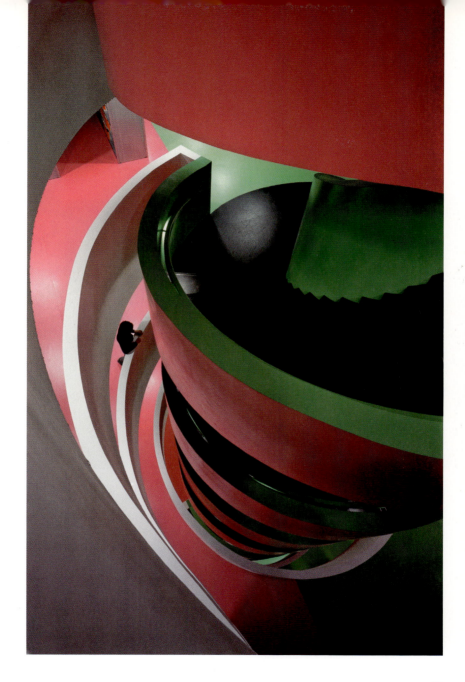

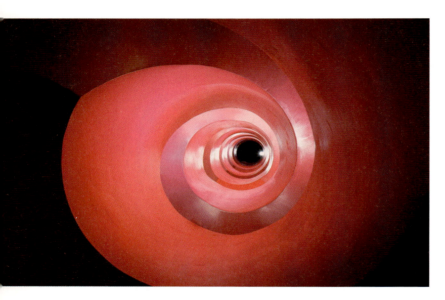

Mut zur Farbe: Pop hält Einzug in die Welt der Gelehrten und Wissenschaftler. Die Universitätsbibliothek Cottbus steht aber anderen offen, so dass die poppige Atmosphäre gut gerechtfertigt ist

Die Wendeltreppe erschließt mit einem Durchmesser von sechs Metern öffentliche Regalbereiche. Die Geländerinnenflächen sind froschgrün, Außenflächen und Unterseiten der Treppe in sattem Pink gestrichen – es gehören Mut und ein Bekenntnis zum Pop dazu, den expressiven Ausdruck der Wendeltreppenform mit kräftiger Farbe zu steigern. Die Flächen wurden aus akustischen Gründen mit einem Aukustikputz verspachtelt, so dass unliebsame Lärmpegel und Echos ausbleiben.

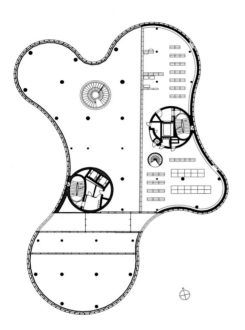

Die Amöbenkontur des Baukörpers trifft hart auf die orthogonale Anordnung der Bücherregale und Tische. Doch die weichen Formen insbesondere der Treppe lockern diese Anordnung wieder angenehm auf.
Grundriss, M 1: 750

Verwaltungsbau in Berlin

Architekten:
Volker Staab Architekten,
Berlin
2006

Das Institut für medizinische Genomforschung in Berlin-Buch liegt seitlich am Ende der Hauptachse eines Forschungscampus. Mit einer kleinen Ausrundung der Gebäudekontur schiebt es sich in diese Hauptachse hinein und markiert ihr Ende. Die Distanz zwischen geschwungener Hülle und rechteckigem „Kern" des Gebäudes nutzen die Architekten an dieser Stelle für eine repräsentative Wendeltreppe, die sich wie eine Skulptur im Foyer des Labors in die Höhe schraubt. Es sollte natürlich kein Platz vergeudet werden. Der Grundriss zeigt, dass mit der Wendeltreppe auf die Gebäudekontur gut reagiert werden konnte: Bauteil und Gesamtarchitektur ergänzen sich trefflich. Bandartig ausgebildete Geländer verleihen dem Schwung der Treppe besondere Ausdruckskraft. Denn während sich an anderen Treppen in diesem Buch die Stufencharakteristik in gezackten Kanten ablesen lässt, wird vor allem bei den repräsentativen Wendeltreppen eine homogene Linienführung zugunsten ihrer skulpturalen Wirkung bevorzugt. Was nun rechts im Bild vom Fotografen bildmäßig berücksichtigt ist, muss auch an Ort und Stelle räumlich bedacht werden: Vertikale Bauteile – zum Beispiel Stützen – sollten in ihrer Wechselwirkung zu den Treppen beachtet und dementsprechend positioniert werden.

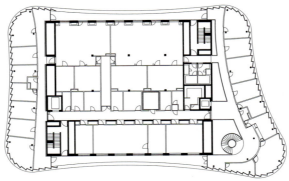

Grundriss, M 1:500

Der Bodenbelag auf den Geschossebenen zeichnet die Grundrissfigur der Treppe nach – ein gebräuchliches Mittel, um die Aufmerksamkkeit beim Betreten der Treppe rechtzeitig zu erhöhen. Die Rolle des Kunstlichts im Luftraum um eine Wendeltreppe darf nicht unterschätzt werden: Leuchtkörper wie diese Kugeln verändern den Eindruck erheblich – hier lockern sie vor dem glatten Betonhintergrund das ganze Szenario spielerisch auf.

Vertikalschnitt Geländer, M 1:10

Handlauf: Hohlprofil 60/35/2 mm, gebogen

Geländer: oben und unten Hohlprofil
55/25/2 mm, gebogen
Vertikalstäbe aus Flachstahl 50/10 mm,
eingeklebte L-Profile zur Aussteifung der
Stahlbleche
innenlaufende Flachstahlwange,
gebogen, 15/350 mm
Stahlblechbekleidung d=2,3 mm
Im Zwischenraum Dämmung

Anschluss der Tritte mit elastischer Fuge

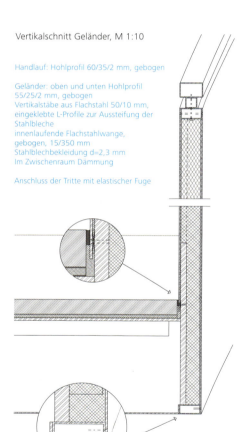

Horizontalschnitt
Leuchtstreifen / Geländer, M 1:10

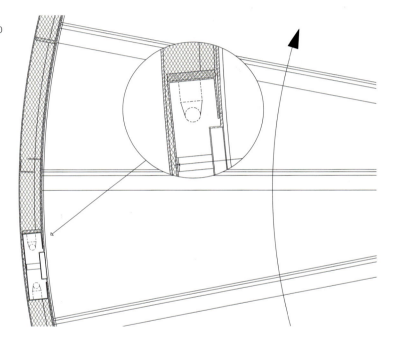

Geländerkonstruktion
siehe Detail links

Vertikalstab zur Befestigung
der Leuchte, 50/10 mm

Stahlblechkorpus 180/650/50 mm
mit Aussparung 90/560 zur Leuchten-
abkofferung und -befestigung,
innenseitig weiß lackiert

Leuchten 2 x Wasco TL5-16, 14 W

Abdeckung,
an Korpusrückwand festgeschraubt

Wohnhaus in Berlin

Architekten:
Hoyer, Schindele, Hirschmüller und Partner, Berlin
2004

Bereits der Blick auf die Fassade dieses Wohnhauses in Berlin lässt ahnen, dass hinter ihr die Vertikale in der räumlichen Fügung eine besondere Rolle spielt. Die Wohnungen sind nicht baumkuchenartig Schicht auf Schicht, Geschoss über Geschoss konzipiert, sondern wie eigenständige Kuben in ein außen ablesbares Gerüst gesteckt. Die Vertikale als räumliche Qualität zu inszenieren, beschränkt sich hier aber nicht nur darauf. Denn auch das gemeinsame, zentrale Treppenhaus ist außergewöhnlich großzügig geraten: Prozentual nimmt es aus der Sicht quadratmeterökonomisch denkender Menschen vielleicht etwas viel Platz in Anspruch, aber für die gesamte Atmosphäre in der typischen Baulückenenge empfindet man das tagesbelichtete Oval der Treppe als Wohltat. Den Zuwachs an bewohnten Quadratmetern, den wir im Durchschnitt pro Einwohner seit Jahrzehnten beobachten, haben die Architekten hier wiederum in den kollektiv zu nutzenden Erschließungsraum und damit in die großzügige Treppe gesteckt. Der Aufzug liegt seitlich.

Hohe Räume, viel Licht
– Qualitäten, die auch in
einer engen Baulücke zu erreichen sind. Im Grundriss
(M 1:500) gut zu erken-
nen: Die Wohnungen sind
geschossübergreifend kon-
zipiert, Treppen beanspru-
chen hier noch einmal Platz

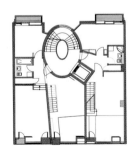

In Berlin Mitte, jener Gegend typischer Mietshäuser, in denen um einen Aufzugskern eine Treppe gelegt wird, bietet dieses Haus eine exzellente Abwechslung: Tageslicht von der Seite und von oben, der elegante Treppenschwung und die sorgfältige Ausführung kommen der Atmosphäre des ganzen Hauses zugute

Zunächst wurden die tragenden Außenwände aufgemauert, anschließend die Podeste der Treppe in Ortbeton erstellt und die Treppenbläufe als Betonfertigteile eingelegt. Die Unterkonstruktion der Brüstung ist eine Flachstahlkonstruktion, die dreilagig mit Rigiflex beplankt und verspachtelt wurde. Als Handlauf dient ein Edelstahlrohr (ø 50 mm), das auf einem massiven Edelstahlstab (ø 10 mm) verschraubt und mit dem Obergurt der Geländerkonstruktion montiert wurde. Der Holzbelag ist auf der Treppe verklebt.

Treppenhaus an einem ehemaligen E-Werk

Architekten:
Hoyer, Schindele, Hirschmüller und Partner, Berlin
2005

Bei der Umnutzung von Industriebauten gilt es häufig, neue und zusätzliche Erschließungs- und Fluchtwege zu schaffen. Wo Platz genug ist, bietet sich ein Erweiterungsbau an, und wie dieser dann zur Attraktivität des ganzen Ensembles beitragen kann, will gut überlegt sein. Den rechtwinkligen Formen des ehemaligen Abspannwerkes in der Berliner Mauerstraße 78/80, das zum Sitz eines IT-Unternehmens mit teilweise öffentlicher Nutzung der Erd- und Dachgeschosse umgebaut wurde, stellten die Architekten einen weichen, abgerundeten Treppenturm zur Seite, der

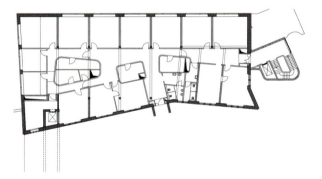

nicht nur formal, sondern auch im Material von der Altbausubstanz aus den zwanziger Jahren abweicht. Die Treppe erschließt die Büroräume im nördlichen Bauabschnitt. Wieder einmal kam es darauf an, Tageslicht in der Treppenanlage zu gewährleisten; Oberlicht gehört natürlich auch dazu.

Die Treppe wurde mit Ortbetonpodesten und Fertigteilläufen konstruiert, auch die kurzen Treppenläufe sind aus Ortbeton – genauso wie die Brüstungen in den Rundungsbereichen. Gerade Brüstungsabschnitte wurden gemauert. Der Handlauf (Edelstahl ø 50 mm) ist auf Edelstahlstiften (Quadratprofil 10 x 10 mm) befestigt, die Stifte sind in der Brüstung verdübelt. Die Handlaufform musste an Ort und Stelle angepasst werden.

Schwung im Treppenverlauf erfordert souveränen Umgang mit Licht und präzise Verarbeitung aller Materialien im Detail

Wohn- und Geschäftshaus in Frankfurt

Architekten:
Léon Wohlhage Wernik,
Berlin
2003

Mitten in Frankfurt galt es eine Lücke zwischen Großer Eschenheimer- und Schillerstraße zu schließen. Ein Gebäude aus den fünfziger Jahren wich einem zweiteiligen Neubau, der gegenüber den barocken Resten des Palais Thurn und Taxis einen kleinen Platz frei lässt. In der Achse des Palais entstand ein schmaler Wohnturm, rechts davon ein Büro- und Geschäftshaus. Diagonal durch den Block, dessen Hof vollständig einem Wasserbecken vorbehalten blieb, ist eine Sichtachse geschlagen, in der zwei Treppenhäuser mit großzügigen, gewendelten Treppen deutliche Zäsuren bilden. Die Zäsuren sind sogar in der Lageplan-Dimension als kleine Rücksprünge im Baukörper zu erkennen.

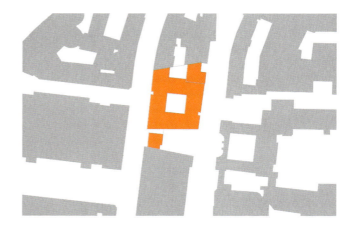

Um die betonierten Treppen laufen Geländerbänder herum, die nicht etwa an den Treppenstufen enden, sondern nach unten durchreichen, so dass dort zur darunterliegender Geländeroberkante nur ein Sichtschlitz übrig bleibt. Verstärkt wird die kompakte Wirkung des Treppengehäuses durch ein integriertes Lichtband.

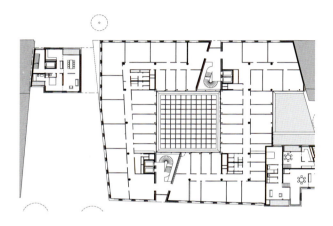

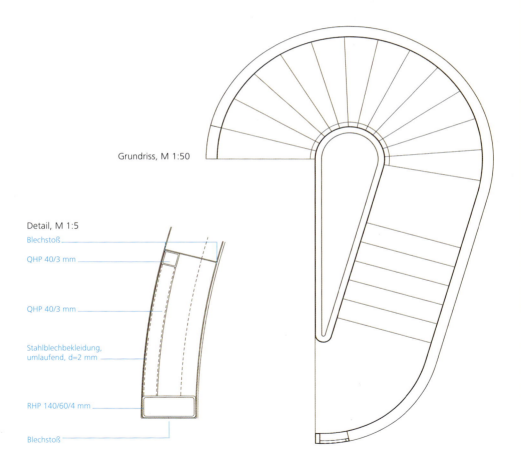

Grundriss, M 1:50

Detail, M 1:5
Blechstoß
QHP 40/3 mm
QHP 40/3 mm
Stahlblechbekleidung, umlaufend, d=2 mm
RHP 140/60/4 mm
Blechstoß

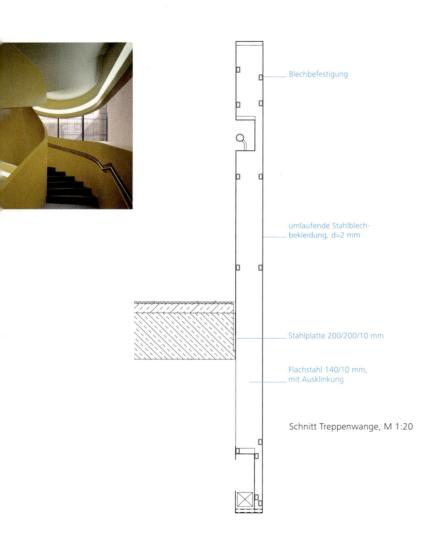

Blechbefestigung

umlaufende Stahlblechbekleidung, d=2 mm

Stahlplatte 200/200/10 mm

Flachstahl 140/10 mm, mit Ausklinkung

Schnitt Treppenwange, M 1:20

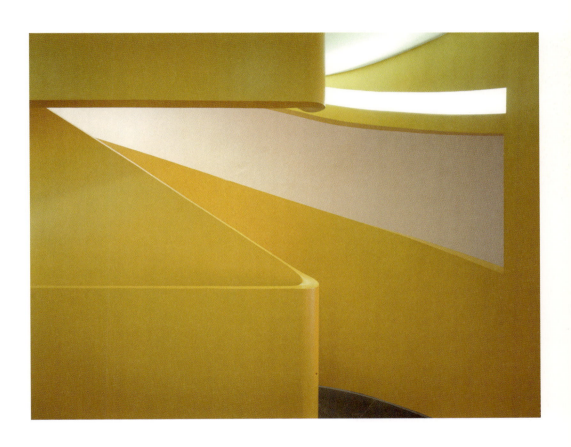

Polizeistation und Feuerwache in Berlin

Architekten:
Sauerbruch Hutton
Architekten, Berlin
2005

Ein Gebäude aus dem neunzehnten Jahrhundert, das im neuen Berliner Regierungsviertel am Rande eines ehemaligen Güterbahnhofgeländes steht, bauten Sauerbruch Hutton mit einem Erweiterungsbau zu einer Polizeistation und Feuerwache um. Alt und Neu bilden im Grundriss eine schlüssige Einheit, geben in der Architektur aber zu erkennen, dass sie aus völlig unterschiedlichen Zeiten stammen. Einmal mehr zeigen die Architekten an der Fassade, wie sicher sie mit Farbe umzugehen wissen. Innen allerdings bleibt das Colorit sehr zurückhaltend, bleiben die Baustoffe im wesentlichen in ihren Ursprungsfarben. In der Ecke des Altbaus wurde eine neue Erschließung aus Wendeltreppe und gläsernem Aufzug eingefügt – Beton erwies sich wieder mal als vorzügliches Treppenmaterial. Im Wesentlichen wurde vor Ort und am Stück betoniert.

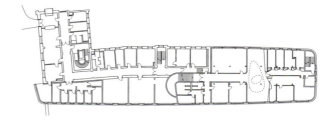

Auf die sorgfältig geschalte und betonierte Oberkante der Betonbrüstung wurde später noch ein Holzhandlauf aufgesetzt

Farben außen und innen in einen wirkungsvollen Kontrast zu setzen, zeichnet das Büro Sauerbruch Hutton in hohem Maße aus. Dazu gehört auch, an bestimmten Bauteilen auf Farbe ganz zu verzichten – wie hier bei der Betontreppe, die mit einem gläsernen Aufzug kombiniert ist und mit einem Holzhandlauf noch verfeinert wurde. Das äußere Stahlgeländer wurde nachträglich mit Stahllaschen an der Unterseite der Stufen befestigt.

Sendeturm in Cadiz

Architekten:
Guillermo Vázquez
Consuegra, Sevilla
1994

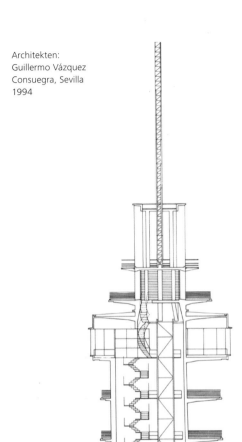

Der Fernmeldeturm aus den neunziger Jahren ragt aus einem Gebäudeensemble heraus, mit dem ein städtischer Raum berücksichtigt wird. Eine massive Betonwendeltreppe führt seitlich des Turms in die Höhe und erreicht mit freiem Schwung die Galerie. Die Betonstufen sind mit Holz belegt, an den Trittkanten wurden Messingschutzleisten montiert. Auf der Innenseite der Betonbrüstung ist ein Stahlhandlauf befestigt. Nun wurde die Unterseite der Treppenläufe nicht wie üblich glatt geschalt, sondern sie spiegelt die Stufenkontur.
Deckenausschnitte sind mit einem leichten Geländer aus Flachstahl mit einem Handlauf aus Rundstäben gesichert. Wie die Materialien hier kombiniert wurden, wirkt unaufdringlich, aber doch robust und Vertrauen erweckend. Die Lichtführung spielt in der Umgebung der skulpturalen Treppen eine wichtige Rolle.

Massive Betontreppe vor einer leichten Innenfassade aus Glas und Stahl – so dringt auch ausreichend Tageslicht bis zum Turmkern

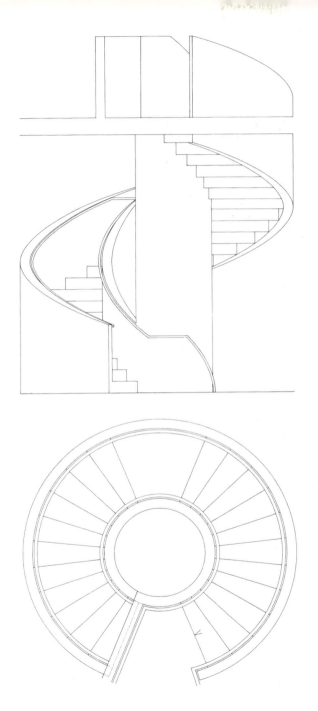

Kulturhaus Villalón, Morón de la Frontera, Sevilla

Architekt:
Guillermo Vázquez
Consuegra, Sevilla
1990

Die südspanischen Paläste wecken bei Reisenden die schönsten Erinnerungen: Schmuckvolle Fassaden, hohe Räume und traumhaft schöne Höfe – diese Prachtbauten allerdings zu erhalten und zu pflegen oder sogar zeitgenössischem Wohn- oder Arbeitskomfort anzupassen, ist durchweg mit erheblichem Aufwand und damit Kosten verbunden. Hier nun wurde der Palast, in dem der spanische Dichter Fernando Villalón (1881-1930) in ein Kulturzentrum verwandelt. Behindertengerechte Zugänglichkeit aller Räume und vorschriftsmäßige Fluchtwege beeinflussen die Veränderung der Bausubstanz beträchtlich. De Architekten positionierten einen Aufzug und eine elegante, keineswegs massig in Erscheinung tretende Wendeltreppe in einem Gebäudetrakt fast über dessen gesamte Breite. Pfiffig dabei: Treppenhaus und Veranstaltungsräume sind durch eine Glaswand getrennt.

Grundriss, M 1:1000

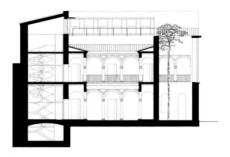

Anders als bei der Treppe von Sauerbruch Hutton in Berlin (siehe Seite 60) ist hier die Unterseite glatt verschalt. Das Geländer sitzt mit jeweils fünf senkrechten Stäben auf den Stufen. Die dichte Stellung erübrigt horizontale Stäbe und kommt trotz des natürlich dickeren Edelstahlhandlaufs einfach sehr filigran daher.

Ausstellungshaus in Frankfurt

Architekten:
Christoph Mäckler
Architekten,
Frankfurt am Main
Tragwerk:
Bollinger & Grohmann,
Frankfurt am Main
2006

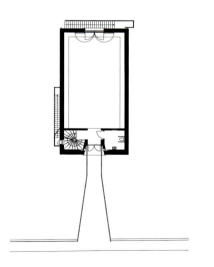

An der Alten Brücke in Frankfurt am Main baute Christoph Mäckler ein neues Ausstellungshaus für die Städelschule, in Anlehnung an das alte „Portikus" genannt. Nun erklärt sich die Form des Hauses nicht auf Anhieb. Der Ort ist geschichtsträchtig, denn im Mittelalter war die alte Brücke weit und breit der einzige Handelsweg nach Norden; die Brücke war bebaut, besaß eine eigene Gerichtsbarkeit und kann als Wiege der Messestadt Frankfurt gelten – nichts davon war am Ort noch ablesbar. Beim Wettbewerb zur Renovierung schlug Christoph Mäckler die erneute Bebauung der Brücke beziehungsweise der kleinen Maininsel vor, was erlaubt wurde, sofern er einen Investor finde. Der fand sich im Mäzen Carlo Giersch, der die Ausstellungshalle finanzieren wollte. Bauunternehmen steuerten dies und jenes bei, und nun steht der kleine, aber sehr hohe Einraum über 160 Quadratmetern Grundfläche weithin sichtbar an der Alten Brücke. Um eine Kunstinstallationsgalerie zu erreichen, wurde links vom Eingang eine Wendeltreppe eingebaut: eng im Radius, ist der knappe Platz optimal mit dieser maßgeschneiderten Wendeltreppe aus Beton ausgenutzt. Die Treppe läuft sich ausgesprochen komfortabel; sie erschließt auch das Untergeschoss, in dem Verwaltung und Toilettenanlagen untergebracht sind.

Eine kleine, nicht öffentliche Wendeltreppe führt vom Erdgeschoss zur Galerie, die nur zur Installation von Kunstwerken benutzt wird. Die Treppe wendet sich in der linken, vorderen Hausecke aufwärts. Von der Galerie aus geht es nur über eine Außentreppe hinauf zum Dachboden

In vergleichsweise engen Verhältnissen ein Wendeltreppchen zu betonieren, wofür im Grundriss gerade mal 2,5 mal 2,5 Meter zur Verfügung stehen, stellt Planung und Ausführende natürlich vor Herausforderungen. Vorgefertigte Schalungsteile hätten womöglich zu einer glatteren Oberfläche des Ortbetons geführt, aber eine gewisse Ruppigkeit des Hauses war ohnehin gewünscht. Also wurde die Schalung an Ort und Stelle gezimmert und die Treppe dann mit List und Tücke betoniert. Zum gleichen Zeitpunkt mussten die Edelstahlkantenschutzleisten eingearbeitet werden.
Anschließend trat der Schlosser auf den Plan und passte das Geländer mit Handlauf im engen Treppenauge an. Befestigt ist es mit Stahlwinkeln und je zwei verdübelten Schrauben – die Stäbe haben einen Durchmesser von 20 Millimetern, der Handlauf einen zierlichen, aber ausreichenden Durchmesser von 24 Millimetern. Für ausreichende Helligkeit und damit sichere Schritte sorgen Tages- und Kunstlicht.

Der Blick ins Treppenauge trügt nicht: Es ist leicht oval. Zum Schutz der Stufen sind Edelstahlleisten einbetoniert

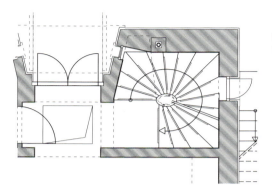

Grundriss der leicht elliptischen Treppe, M 1:100

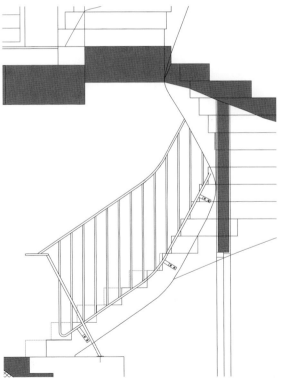

Turmhaus in Kilchberg, Schweiz

Architekten:
Arndt Geiger Herrmann AG,
Zürich
2003

Nicht nur dass der Baugrund in Orten, die – wie das prominente Kilchberg – direkt am Zürcher See liegen, teuer ist; er ist obendrein knapp, und wenn so viel Vegetation wie möglich als Wohnqualität auf einem kleinen Grundstück erhalten bleiben soll, gibt es nur eins: das Turmhaus. Auf dem Gelände, auf dem dieses Holzturmhaus gebaut wurde, wuchsen über hundert Jahre Thujas, Buchssträucher, Eiben und Lorbeerbäume stattlich heran. Das Wohnhaus über einer Grundfläche von 6,6 mal 6,6 Metern schmal und hoch zu bauen, um hier so etwas wie ein Baumhauswohngefühl zu inszenieren, bot sich geradezu an. Nun wird im Erd- und im ersten Obergeschoss geschlafen und im zweiten Obergeschoss und unterm Dach gewohnt und gearbeitet. Als Ganzes ist das Haus jedoch wie ein Einraum konzipiert, in dem die vertikale Erschließung natürlich eine besondere Rolle spielt: Die Treppe gehört zum bewohnbaren Raum dazu und reicht gleichsam ins Mobiliar – das Bücheregal – hinein.

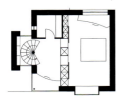

Grundriss, 1:300.
Weil es fast ein Fünftel der
der ganzen Etagenfläche
einnimmt, ist das Treppenhaus zugleich Wohnraum

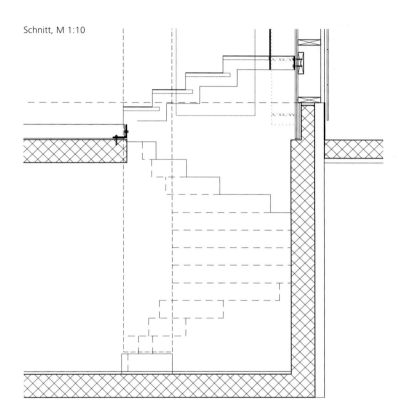
Schnitt, M 1:10

Renovierung eines Bauernhofs in Northamptonshire

Eine Londoner Familie renovierte sich einen Bauernhof als Wochenendhaus. Die drei Bauten des kleinen Anwesens befanden sich in einem beklagenswerten Zustand, aber die Architekten konnten die Bauherrschaft dazu bewegen, die Reste trotzdem zu erhalten. Mit Glas und Holz gelang es, in einem langen, schmalen Baukörper eine funktionale Aufteilung, Großzügigkeit und schöne Räume zu schaffen. Aus dem zusammengefassten Wohn-, Ess- und Kochbereich führt nun eine kleine, elegante Holzwendeltreppe in die obere Etage. Die Treppe besteht aus massivem Eichenholz und steht in einem dünnen, dreieinhalb Meter hohen Glaszylinder – Geländer erübrigten sich auf diese Weise. Das Holz, 5 cm dick, wurde zinkenartig verbunden, wobei sorgfältig auf die Holzmaserung zu achten war. Um zu testen, wie die Treppe trägt, bauten die Architekten zunächst ein Modell im Maßstab 1:5. An den Stufenkanten müssen Biegemomente übertragen werden, was bei Holz – einem Werkstoff, der nun einmal arbeitet – etwas heikel sein kann. Deswegen wurden, als die Treppe vor Ort aufgebaut war, nochmals Stabilitätstests durchgeführt. Berechnet wurde die Treppe in einem Finite-Elemente-Modell. Natürlich hätte ein kleines Stahltreppchen auch beste Dienste geleistet, aber zum Charakter des Landhauses passt das Eichenholz einfach besser.

Architekten:
Simon Conder Associates,
London
2005

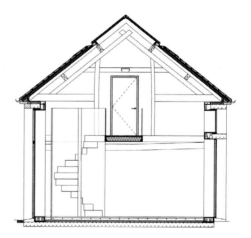

Schnitt, etwa M 1:200
Die Glashülle verleiht der bereits fein gearbeiteten Treppe eine besondere Eleganz

Hotel in Prag

Architekten:
Eva Jiricna Architects,
London
2003

Nahe der Altstadt, am Rande eines sehr schönen, kleinen Platzes baute Eva Jiricna ein neues Hotel, das sich im äußeren Erscheinungsbild den Altbauten der Umgebung anpassen sollte. Aber nicht nur die Gästezimmer, sondern auch Lobby und Konferenzräume sollten hell und großzügig erscheinen. Vom Foyer aus führt nun eine sehr filigrane Treppe zum Restaurant beziehungsweise Frühstücksraum, der rückwärtig über einen tiefer gelegenen Hof mit Tageslicht versorgt ist. Diese Treppe ist – wie eigentlich alle Treppen von Eva Jiricna – eine extravagante, konstruktiv ausgeklügelte Mischung aus funktionalem Bauteil und skulpturalem Kunstwerk, die weit über das Übliche hinaus geht.

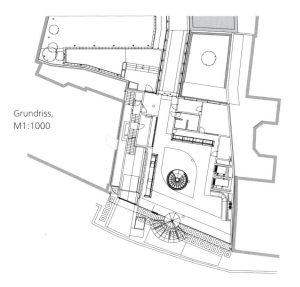

Grundriss,
M1:1000

Ein eng gedrehtes, 10 mm dickes Stahlblech bildet die Spindel der Treppe. Die 25 mm dicken Glasstufen sind punktweise auf einer unterspannten Konstruktion aufgelagert. Die Abspannung erfolgt von der Spindel zur Geländerebene

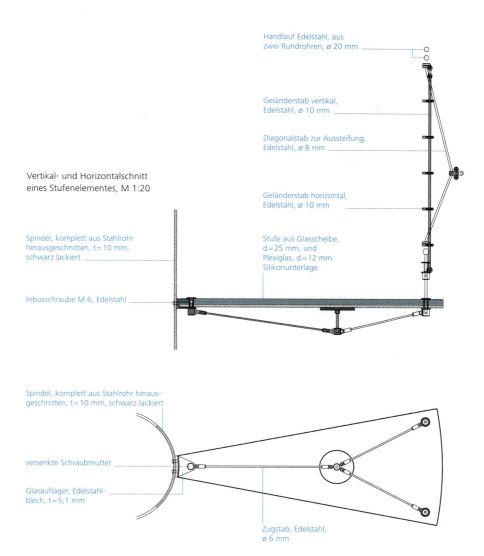

Vertikal- und Horizontalschnitt eines Stufenelementes, M 1:20

Handlauf Edelstahl, aus zwei Rundrohren, ø 20 mm

Geländerstab vertikal, Edelstahl, ø 10 mm

Diagonalstab zur Aussteifung, Edelstahl, ø 8 mm

Geländerstab horizontal, Edelstahl, ø 10 mm

Spindel, komplett aus Stahlrohr herausgeschnitten, t= 10 mm, schwarz lackiert

Stufe aus Glasscheibe, d=25 mm, und Plexiglas, d=12 mm Silikonunterlage

Inbusschraube M 6, Edelstahl

Spindel, komplett aus Stahlrohr herausgeschnitten, t= 10 mm, schwarz lackiert

versenkte Schraubmutter

Glasauflager, Edelstahlblech, t=5,1 mm

Zugstab, Edelstahl, ø 6 mm

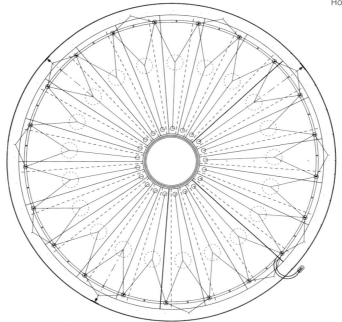

Horizontalschnitt, M 1:50

Ein rätselhafter Blick –
von oben ins Treppenauge

Renovierung in Stuttgart

Architekten:
Bernhard Hirche, Hamburg
2004

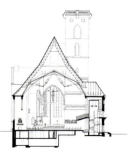

Eine Stadt schöner Kirchen ist das protestantische Stuttgart wahrlich nicht, Vergleiche mit München, Köln oder Münster verbieten sich von selbst. Immerhin gibt es im Zentrum, zwischen Einkaufsmeile und Marktplatz, die vergleichsweise kleine Stiftskirche, in der viele Passanten ein paar Minuten Ruhe und Einkehr suchen. 1944 wurde die ursprünglich dreischiffige Staffelkirche weitgehend zerstört, danach als sehr schlichte, mit einer Holztonne geschlossene Saalkirche wieder aufgebaut. Weil der Wiederaufbau gestalterisch als nicht sehr gelungen galt und Kirchen immer häufiger auch als Konzerträume genutzt werden, stand ein erneuter Umbau an. Bernhard Hirche nahm die Dreischiffigkeit des Ursprungsraums wieder auf, wählte aber Konstruktionstypen und Baumaterialien der Gegenwart: Stahl und Glas. Es ging aber auch darum, eine neue Unterkirche und die Zugänge zu den öffentlich zu nutzenden Emporen neu zu erfinden. Dafür boten sich natürlich die Platz sparenden Spindeltreppen an, die gleich mehrfach beste Dienste leisten, aber individuell detailliert sind. Links und rechts des Haupteingangs führen sie frei im Raum zu den Emporen und stören die Kirchenraumteile so wenig es eben geht. Mattiertes Glas als Belag für die Stufen erweist sich mit seiner Lichtdurchlässigkeit und statischen Leistungskraft dabei als nachgerade ideal.

Das Glas ist transluzent, aber nicht transparent und tritt als „Stufenmasse" wenig in Erscheinung. Nicht schwindelfreien Besuchern wird deswegen auch nicht unwohl. Dass die Auftritte nicht als punktweise aufgelagerte Glasscheiben um die Spindel angeordnet sind, sondern in dünnen, umlaufenden Stahlprofilen aufliegen, vermittelt zusätzlich ein Gefühl von Sicherheit. Auch die Treppengeländer halten eine präzise Balance zwischen filigraner Erscheinung und robuster Standfestigkeit. Stege führen in der Höhe dann zur Empore. Am Seiteneingang, der etwa in der Mitte der Kirchenlänge liegt, ist die Treppe fest umschlossen.

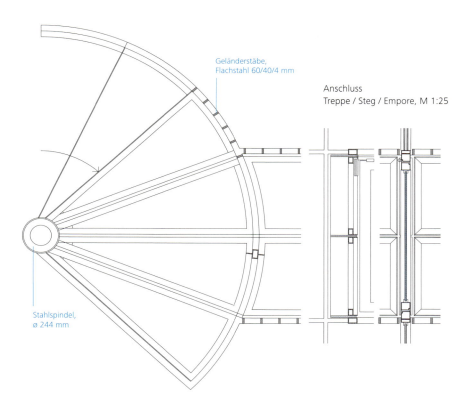

Geländerstäbe,
Flachstahl 60/40/4 mm

Anschluss
Treppe / Steg / Empore, M 1:25

Stahlspindel,
ø 244 mm

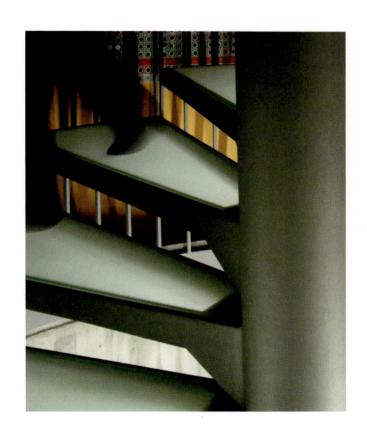

Umbau in Berlin

Architekten:
Hoyer Schindele Hirschmüller + Partner, Berlin
1999

Stahltreppen erweisen sich bei Umbauproblemen immer wieder als überragend leistungsfähige Bauteile, wie hier an einem Beispiel aus dem Berliner Scheunenviertel nachzuvollziehen ist. In der Almstadtstraße galt es, ein denkmalgeschütztes Haus, welches 1902 von Gustav Lanzendorf gebaut worden war, für ein Medienunternehmen umzubauen. Inzwischen ist das Unternehmen aus Platzgründen zwar in eine größere Immobilie gezogen, doch die Treppe leistete von Beginn an beste Dienste.

Die 12 mm dicke Stahlblechwange beziehungsweise das Stahlblechgeländer der Treppe wurde vorgebogen auf die Baustelle geliefert und musste dort den örtlichen Gegebenheiten angepasst werden. An Ort und Stelle sind anschließend 50 mm hohe Stahlwannen für die Stufen an dieses Blech geschweißt und mit Estrich ausgegossen worden. Die Brüstung läuft oben als seitliche Verblendung der Deckenkante um und wurde mit Stahllaschen auf der Geschossdecke verdübelt. Einprägsam ist an dieser Treppe das Zusammenspiel der gezackten Unterkante, des runden Handlaufs und des Materialwechsel vom Stahl zum Stufenbelag aus Estrich gelungen. Konsequent ist auch, dass für das außen laufende Geländer eine leichte, filigrane Stahlvariante gewählt wurde.

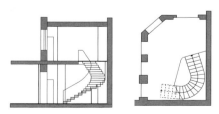

Grundriss und Schnitt, M 1:300

Um Treppen nachträglich in Altbauten einzubauen, müssen anpassungsfähige Konstruktionen gewählt werden. Verzogene Höhen, eigenwillige Deckenausschnitte und schiefe Wände eignen sich kaum für eine präzise, unkorrigierbare Vorfertigung

Umbau in Madrid

Architekten:
Nieto Sobejano Arquitectos, Madrid; Fuensanta Nieto, Enrique Sobejano
2005

Rund neunhundert Quadratmeter eines Altbaus sollten zu zwei Büros und vier Wohnungen umgebaut werden. Die Vertikalerschließung musste in vielfältiger Weise erfolgen, besonders auffällig geriet eine Stahlspindeltreppe in beengten Raumverhältnissen. Die Treppe besteht aus einer Stahlrohrspindel mit 10 Zentimetern Durchmesser und 3 mm Dicke, die verschweißten Trittbleche sind ebenfalls 3 mm dick. Das Brüstungsblech, das zugleich die äußere Wange bildet, ist immerhin 15 mm dick, auf einen Handlauf wurde bei dieser Dimension guten Gewissens verzichtet. So wirkt die Treppe papierdünn und erstaunlich leicht.

Stahlblech, verarbeitet in rigider Form – als sei ein Papiermodell der Treppe hochgezoomt in die Dimension, in der Stahlblech mit Leichtigkeit die Stabilität garantiert

Grundriss und Schnitt,
M 1:125

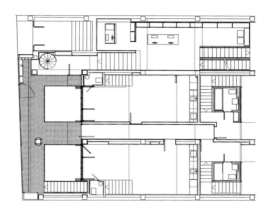

Die Spindeltreppe windet sich über mehrere Geschosse durch Räume unterschiedlicher Funktionen und Größen, während die geradläufigen Treppen von Etage zu Etage auf die individuellen, räumlichen Situationen bezogen sind

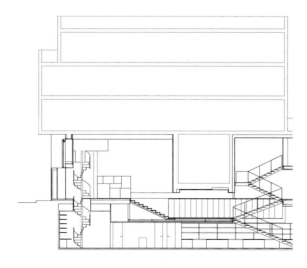

Wohnhaus in Tutzing

Architekten:
Bembé und Dellinger,
Greifenberg
2006

Ein Traumgrundstück mit Blick auf den Starnberger See und ein beeindruckendes Alpenpanorama – was kann man da noch falsch machen? Um die Gesamtqualität des Hauses ist es gut bestellt; man fragt sich nun, was eine kleine Wendeltreppe zum großzügigen Ganzen beitragen kann. Die gemeinsamen Wohnräume der jungen Familie bilden im Erdgeschoss des Hauses eine kontinuierliche, türenlose Raumfolge mit offenem Entree, offener Küche, offenem Aufgang vom Ess- zum Wohnbereich. Schließbare Rückzugsbereiche sind die Kinder-, Arbeits- und Schlafzimmer. Mit minimiertem Grundflächenbedarf gelang es, mit der Wendeltreppe eine zweite senkrechte Erschließung durchs Haus bis zum Keller zu legen. Als der Bau bereits recht weit fortgeschritten war, wurden die einzelnen Abschnitte des Stahlzylinders, der die Treppe umgibt, von oben ins Haus gehoben, aufeinander gesetzt und dann verschweißt. In Maßarbeit wurden anschließend die vier Millimeter dicken Stahlbleche für die Stufen zurecht geschnitten und zwischen Spindel und Stahlzylinder geschweißt. Der Trick dabei: Die Außenkanten der Stufen sind konkav geschwungen, so dass von oben durch die Spalten am Zylinder Tageslicht hineinfallen kann.

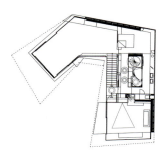

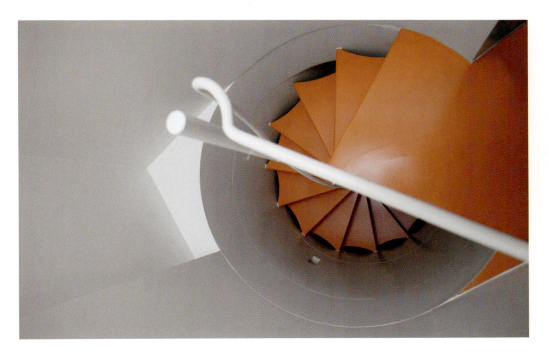

Grundrisse, M 1: 500

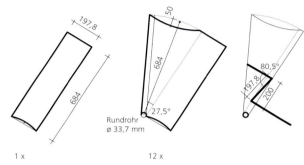

1 x   12 x

Schnittmuster der Stufen, M 1:25

Es sind also nur die Eckpunkte der Stufen mit dem sechs Millimeter dicken Zylinder verschweißt. Das Tageslicht fällt von oben durch eine üppig bemessene Lichtkuppel in den Treppenturm. Der Handlauf sieht aus wie ein Faden, der um die Spindel gewickelt wurde – filigraner geht's nicht. Vorteile dieser Bauweise liegen auf der Hand: Zum einen überträgt sich Trittschall nicht gleich von der Zylinderschale in die Wände; Platz spart die Konstruktion dennoch. Und zum zweiten ist es vergleichsweise unkompliziert, der Treppe immer mal wieder ein neues Farbkleid zu verpassen. Die Zylinderschale erlaubt schließlich, die Treppe auf einfache Weise zu beleuchten.

Zum großzügigen, repräsentativen Erscheinungsbild des Hauses bildet die Wendeltreppe einen witzigen Kontrast. Lichtfülle und Lichtreflexe auf der glanzlackierten Oberfläche wirken aber der räumlichen Enge genau so entgegen wie die üppig ausgebildete Lichtkuppel in der Treppenachse

Umbau einer Scheune bei Berlin

Architekten:
Steinhilber und Weis,
Stuttgart
2006

Viel mehr als der Rohbau konnte von der Scheune, die es umzubauen galt, trotz Denkmalschutz nicht erhalten bleiben. Als Teil eines Ensembles in dörflicher Umgebung sollte die Stallscheune zukünftig als temporäres Wohnhaus genutzt werden: für kleine Familien, Gruppen, Einzelpersonen; zum Wohnen, Feiern, Treffen – das alles auf zwei Etagen. Das Erdgeschoss war analog zur Fassade großzügig zu gestalten, und weil die variable Nutzung letztlich auch ein Problem des vertikalen Erschließungssystems eines Hauses ist, spielt die Spindeltreppe eine große Rolle. Denn ein Mal mehr spart sie Platz und erscheint hier im symmetrischen Grundriss – hinter asymmetrischer Fassade – deswegen auch gleich zweifach. Im Sichtbetonambiente des neuen Innenraums wirkt es konsequent, dass die Stahltreppen nur farblos lackiert und damit die schönen Mythen der Materialehrlichkeit gepflegt wurden. Auf einer quadratischen Fußplatte, die schallentkoppelt befestigt ist, steht eine Stahlspindel mit 159 Millimeter Durchmesser und 4,9 Millimeter Wandstärke.

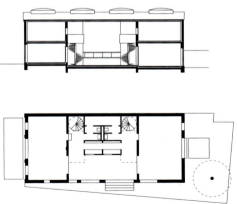

Schnitt und Grundriss, M 1:1000

Der Spindelkopf ist mit einer glatten Platte geschlossen. Für die Tritte wurden Rohrhülsenstücke (Durchmesser 168 Millimeter und Wanddicke 4 Millimeter) auf die Spindel gesetzt, Stoßfugen sind zwischen den Rohrhülsen gefast. Das Muster des Tränenblechs, aus dem die an die Hülsen geschweißten Tritte bestehen, verläuft parallel zur Stufenvorderkante. Das Antrittspodest entspricht in den Abmessungen zwei Auftritten. Last but not least das Geländer: Je Auftritt bestehen die Füllstäbe aus Rundstahl, beginnend ab der zweiten Steigung und auf die Stahlblechtritte geschweißt. Der Handlauf ist ebenfalls ein Stahlrundrohr.

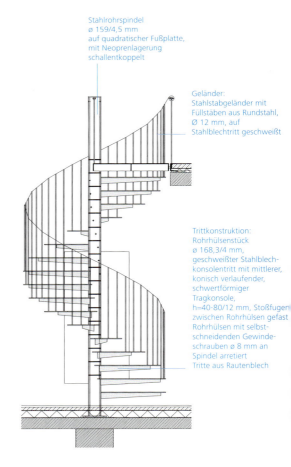

Stahlrohrspindel
ø 159/4,5 mm
auf quadratischer Fußplatte,
mit Neoprenlagerung
schallentkoppelt

Geländer:
Stahlstabgeländer mit
Füllstäben aus Rundstahl,
Ø 12 mm, auf
Stahlblechtritt geschweißt

Trittkonstruktion:
Rohrhülsenstück
ø 168,3/4 mm,
geschweißter Stahlblechkonsolentritt mit mittlerer,
konisch verlaufender,
schwertförmiger
Tragkonsole,
h=40-80/12 mm, Stoßfugen
zwischen Rohrhülsen gefast
Rohrhülsen mit selbstschneidenden Gewindeschrauben ø 8 mm an
Spindel arretiert
Tritte aus Rautenblech

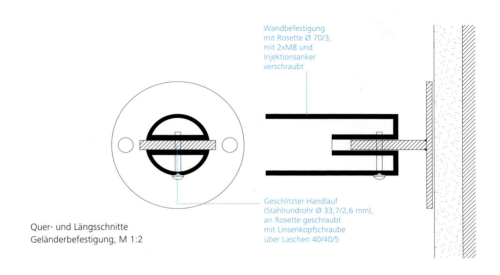

Quer- und Längsschnitte
Geländerbefestigung, M 1:2

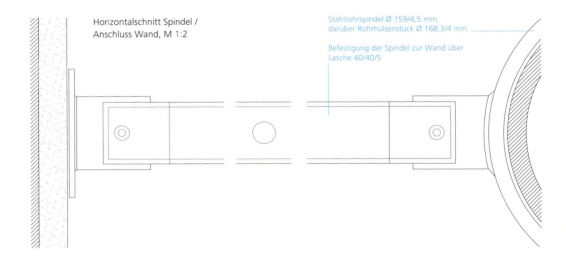

Horizontalschnitt Spindel /
Anschluss Wand, M 1:2

113

Außentreppe in München

Architektin:
Anita Elsener, München
Stahlbau:
Erhard Brandl, Eitensheim
2005

Wohnhäuser neu zu strukturieren, also beispielweise aus einem Einfamilienhaus ein Zwei-Parteien-Haus zu machen, wird eine immer häufigere Architektenaufgabe werden, denn es gilt, die Architektur der veränderten Gesellschaft anzupassen. Hier in München sollte das Obergeschoss eines Reihenhauses separat erschlossen werden. Die Häuserreihe grenzt die privaten Gärten vollkommen von der Straße ab. Der Anbau der Außentreppe an den Balkon auf der Gartenseite erwies sich insofern als hinreichend kompliziert: Wegen enger Platzverhältnisse wurde die im Stahlbauunternehmen vorgefertigte Treppe mit einem Kran über das Haus in den Garten gehoben. Präzision ist Voraussetzung für ein solches Verfahren, denn korrigieren lässt sich an Ort und Stelle nicht viel. Geometrisch ist die angewendete Treppe durchaus ungewöhnlich. Im Erdgeschoss sollte sie den Ausblick in den Garten und die Aufenthaltsqualität der Terrasse nicht beeinträchtigen, so führt sie nun vom Balkon in einem Linksschwung zum Haus zurück und endet dann mit einem Rechtsschwung.

Grundriss, M 1: 300

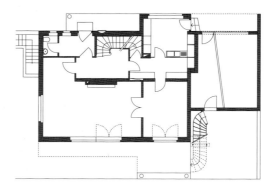

Spektakulärer Treppentransport:
Über den First werden Treppe
und Geländer separat in den
Garten gehoben und anschließend
montiert

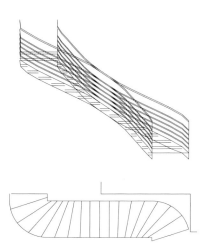

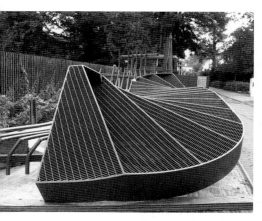

Auf der Baustelle geht es immer etwas robust zu: Die Treppe auf der Straße..., das Geländer auf der Wiese... – schließlich passt doch alles dort, wo es hingehört.

Die Treppe besteht aus gebogenen Stahlwangen und dazwischen geschweißten Auftritten aus Gitterblech. Die Stufenkanten sind eingefasst und haben den Vorteil, dass sie etwas Licht durchlassen – der enge Platz vor der Garten- beziehungsweise Garagentür wäre sonst allzu finster geworden. Der Stahl wurde verzinkt und pulverbeschichtet. Für das Geländer sind horizontal verlaufende Stahlrohre entsprechend der Treppengeometrie an Vierkantrohre, diese wiederum an die Wangen geschraubt – siehe Bild unten.

Zwar sieht es derzeit so aus, als sei mit der Geländergeometrie kaum Rücksicht auf das Erscheinungsbild des vorhandenen Balkongeländers genommen worden. Über kurz oder lang soll jedoch das alte, etwas marode Geländer, das auch funktional nicht sehr gelungen ist, gegen ein neues, dann der Treppe angepasstes ersetzt werden.

Wohnung in London

Architekten:
Gregory Phillips, London
2002

Londoner Wohnraum gehört zu den teuersten weltweit. Da will mit jedem Kubikmeter sorgfältig hausgehalten werden. Dächer auszubauen und jede Ebene so platzsparend wie möglich zu erschließen ist geboten, dies gestalterisch zufrieden stellend zu leisten gar nicht so leicht. Erschwert wird die räumliche Gestaltung, wenn die Wohnungskontur krumm und schief ist wie hier – im Grundriss gut zu erkennen. Gregory Philipps entschied sich für eine Spindeltreppe aus Edelstahl mit Wenge-Tritten – eine ästhetisch sehr reizvolle Materialkombination.

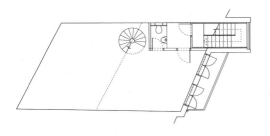

Platz ist in der kleinsten Hütte – geometrisch war hier darauf zu achten, dass der Antritt der Treppe die Hauptwohnebene nicht beeinträchtigt

Wohnhaus in Tübingen

Architekt:
Wolfram Wöhr,
München
2000

Man denkt bei diesen Bildern unmittelbar an die gestalterischen Freiräume, die uns die klassische Moderne erschloss. Perspektiven über mehrere Geschosse, Luft und Licht in Hülle und Fülle, großzügiges Raumkontinuum statt traditioneller Zimmer, große Glasflächen statt kleiner Fenster – es wurde vieles propagiert, womit allerdings nur wenige Architekten auch souverän umgehen konnten. Doch den freieren Wohnformen können immer mehr Menschen Wohnqualität abgewinnen; vor allem die Vielfalt, in der die Vertikale inszeniert werden kann, reizt die Architekten. So wurden in diesem Wohnhaus geradläufige und Spindeltreppen eingebaut und – unabhängig von deren Position – wirkungsvolle Deckendurchbrüche vorgesehen.

Die Spindeltreppe tangiert die Fassade nicht und kommt hinter der Übereckverglasung bestens zur Geltung

Grundrisse, M 1:500

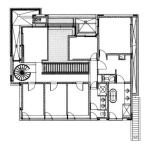

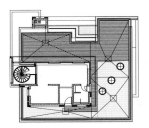

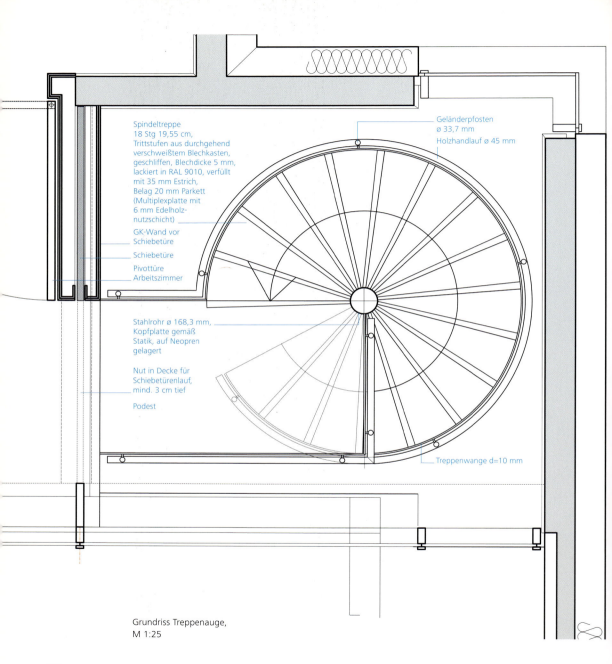

Grundriss Treppenauge, M 1:25

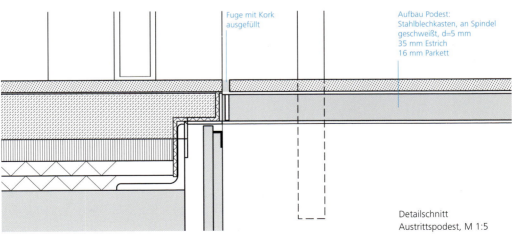

Fuge mit Kork ausgefüllt

Aufbau Podest:
Stahlblechkasten, an Spindel geschweißt, d=5 mm
35 mm Estrich
16 mm Parkett

Detailschnitt
Austrittspodest, M 1:5

Register

Architekten	Seite
Arndt Geiger Herrmann, Zürich	78
Bembé + Dellinger, Greifenberg	105
Brandl Stahlbau, Eitensheim	114
Anita Elsener, München	114
Herzog & de Meuron, Basel	34
Bernhard Hirche, Hamburg	90
Johannes Peter Hölzinger, Bad Nauheim	30
Eva Jiricna Architects, London	84
Hoyer Schindele Hirschmüller + Partner, Berlin	46, 96
Léon Wohlhage Wernik Architekten, Berlin	54
Christoph Mäckler Architekten, Frankfurt	72
Nieto Sobejano, Madrid	101
Gregory Phillips Architects, London	118
Sauerbruch Hutton Architekten, Berlin	60
Simon Conder Associates, London	82
Staab Architekten, Berlin	40
Steinhilber + Weis, Stuttgart	111
Guillermo Vázquez Consuegra, Sevilla	64
Wolfram Wöhr + Partner, München	120

Bildnachweis

S. 6, 72 - 75, 77, 127, 46, 48: Ursula Baus, Stuttgart
S. 8: Des Histoires de Bois, Ausstellungskatalog Pavillon de l'Arsénal
S. 10 (von oben): Hudson Turner: Some Account on Domestic Architecture in England; Mielke, Friedrich: Die Geschichte der deutschen Treppen, Berlin, München, 1966
S. 11: Pevsner, Nikolaus: Europäische Architektur; Schmid, Otto, und Eduard Schmidt: Anlagen zur Vermittlung des Verkehres in Gebäuden, Handbuch der Architektur, dritter Theil, 3. Band, Heft 2; Barthes, Roland: Der Eiffelturm, CNP, Paris, 1989
S. 12: Hand, Rudolf: Österreichisch-ungarischer Baurathgeber, Wien, 1894; Nix, G. H.: Praktisches und theoretisches Handbuch der Treppenbaukunst, Leipzig 1887, Tafel VII
S. 13: Karl J. Habermann, München; Auguste Perret, Phaidon, ifa Paris; Klaus Kinold, München;
S. 14: Schuster, Franz: Treppen aus Stein, Holz und Metall, Stuttgart, 1951
S. 16: Werkfotos Fa. Spitzbart
S. 17: Werkfoto Fa. Trappe-Metall; Karl J. Habermann, München
S. 18: Werkfotos Fa. Trautwein
S. 22-29: Barbara Staubach, Frankfurt am Main
S. 30-33: Dieter Leistner, Würzburg
S. 34-39, 40-45 und 110-113: Werner Huthmacher, Berlin
S. 47, 49, 51, 53: Hoyer Schindele Hirschmüller + Partner, Berlin
S. 50, 52: Noshe, Andreas Gehrke, Berlin
S. 54-59: Christian Richters, Münster
S. 60-63: Jan Bitter, Berlin
S. 64-71: Guillermo Vázquez Consuegra, Sevilla
S. 76: Petra Hagen-Hodgson, Frankfurt am Main
S. 78-81: Franz Kaelin, Einsiedeln
S. 83: Chris Gascoigne, View, London
S. 84-89: Ivan Nemec, Frankfurt / Prag
S. 90-95: Ursula Baus, Wilfried Dechau, Stuttgart
S. 96-99: Hoyer Schindele Hirschmüller + Partner, Berlin
S. 100-103: Roland Halbe, Stuttgart
S. 104-109: Wilfried Dechau, Stuttgart
S. 118-119: Paul Smoothy, Shoreditch Conversion
S. 120-123: Roland Halbe, Stuttgart

Hersteller

Ulrich John GmbH
Beratgerstraße 30
44149 Dortmund
Tel. 0231 17 11 45
Fax 0231 17 83 17
www.treppenbau-john.de

Kenngott-Treppen
Service-Zentrale
Albertistraße 22
74076 Heilbronn
Tel. 07131 188 0
Fax 07131 188 276
www.kenngott.de

Treppenstudio Schubert
Heinrich-Heine-Straße 29
10179 Berlin
Tel. 030- 25 79 88 81
Fax 030- 25 79 88 82
www.architektentreppe.de

Spitzbart Treppen München GmbH
Richard-Strauss-Straße 48
81677 München
Tel. 089 470 77 408
Fax 089 470 77 409
www.spitzbart.de

Spreng GmbH
August-Halm-Straße 10
74523 Schwäbisch Hall
Tel. 0791 53077
Fax 0791 51162
www.spreng-gmbh.de

Stadler Treppen GmbH & Co KG
88348 Bad Saulgau
„Klösterle"
Tel. 07581 50 50
Fax 07581 50 51 85
www.stadler.de

Außer Konkurrenz: Das ganze Bauwerk ist hier eine Wendeltreppe – der Killesbergturm in Stuttgart, 2001 von Schlaich Bergermann und Partner

Weitere Titel aus dem Programm der DVA

Ursula Baus, Klaus Siegele

Holztreppen.
Konstruktion, Gestaltung, Beispiele
ISBN 10: 3-421-03414-1
ISBN 13: 978-3-421-03414-4

Ursula Baus, Klaus Siegele

Stahltreppen.
Konstruktion, Gestaltung, Beispiele
ISBN 10: 3-421-03170-3
ISBN 13: 978-3-421-03170-9

Ursula Baus, Klaus Siegele

Öffnungen.
Vom Entwurf bis zur Ausführung
ISBN 10: 3-421-03536-9
ISBN 13: 978-3-421-03536-3

Jens Schneider, Klaus Siegele

Glasecken.
Konstruktion, Gestaltung, Beispiele
ISBN 10: 3-421-03414-1
ISBN 13: 978-3-421-03414-4

Christian Holl, Klaus Siegele, Armin Seidel

Holz. Große Tragwerke.
Konstruktion, Architektur, Detail
ISBN 10: 3-421-03584-9
ISBN 13: 978-3-421-03584-4

Mechtild Friedrich-Schoenberger,

Holzarchitektur im Detail.
Konstruktion und Design moderner Einfamilienhäuser
ISBN 10: 3-421-03408-7
ISBN 13: 978-3-421-03408-3